任侠人が活躍した時代

任侠道とは、そして彼らが成した業績とは

中島 武久

目　　　　　　次

1　はじめに　　　　　　　　　　　　　　　　　　１３

2　任侠道、そして任侠人とは　　　　　　　　　　１５

3　任侠人活躍の時代的な背景

　　3－1　中国における任侠の発祥　　　　　　　１８
　　3－2　日本における任侠道の展開　　　　　　１９
　　3－3　侠客が為した、彼らの善意　　　　　　２１
　　3－4　博徒の結集とその理由　　　　　　　　２２
　　3－5　甲斐国に向けられた視点　　　　　　　２３
　　3－6　当時の代表的な博徒衆　　　　　　　　２４

4　主な任侠人とその生涯

　　　　その1　塚原　卜伝　　（1489－1571）　２６
　　　　その2　幡随院　長兵衛　（1622―1650）　２７
　　　　その3　腕の喜三郎　　（生没年、不明）　２８
　　　　その4　大口屋　暁雨　　（不明　―1731）　２９
　　　　その5　金看板　甚九郎　（1694－1765）　２９

その 6	日本 左衛門	（1719－1747）	3 0
その 7	新場 子安	（1796－1865）	3 1
その 8	飯岡 助五郎	（1793－1859）	3 1
その 9	大前田 英五郎	（1793－1874）	3 2
その10	新門 辰五郎	（1800－1875）	3 3
その11	佐原 喜三郎	（1806－1845）	3 4
その12	相模屋 政五郎	（1807－1886）	3 5
その13	笹川 繁蔵	（1810－1847）	3 6
その14	国定 忠治	（1810－1851）	3 7
その15	祐天 仙之助	（1818－1863）	3 8
その16	森の石松	（生没年 不明）	3 9
その17	清水 次郎長	（1820－1893）	4 0
その18	逸見 貞蔵	（1820－1912）	4 2
その19	黒駒 勝蔵	（1832－1871）	4 2
その20	大政と小政	（1833－1885）	4 4
その21	会津 小鉄	（1833－1885）	4 4
その22	近藤 勇	（1834－1868）	4 5
その23	土方 歳三	（1835－1869）	4 6
その24	吉良の仁吉	（1839－1866）	4 7
その25	久坂 玄瑞	（1840－1864）	4 8
その26	法印 大五郎	（1840－1918）	4 9
その27	田代 栄助	（1834－1885）	5 0
その28	吉田 磯吉	（1867－1936）	5 1
その29	出口 王仁三郎	（1871－1948）	5 2

その30　内田　良平　　　（1874－1937）　　　53

その31　堤　仁三郎　　　（生没年、不明）　　　54

5　彼ら任侠人が目指した社会

5－1　個人主義的社会の渇望　　　55

5－2　暴力を恐れない生き方　　　56

5－3　組織の確立とその大義　　　57

5－4　ヤクザ社会における行動理念　　　58

5－5　著書「仁義なき戦い」の反響　　　60

5－6　任侠人の一時的な挫折　　　61

6　治安に関わる任侠人の対応

6－1　治安の維持と公権力　　　62

6－2　市民のための治安体制

その1　体感治安と言う考え方　　　63

その2　インフラの整備　　　64

その3　警察組織による監視体制　　　65

その4　民生委員による対応　　　65

その5　暴力取締りの強化　　　66

6－3　押し寄せる列強各国と幕府の対応

その1　ラスクマンの来航　　　66

その2　レザノフの来航　　　67

その3	ゴローニン事件	67
その4	モリソン号事件	68
その5	ペリーの来航	68
その6	プチャーチンの来航	69

6－4　市民に対する治安の維持　　　　　　　　　70

6－5　幕末時に起きた外国人等殺傷事件

その1	駐日領事ハリス襲撃未遂事件	71
その2	ロシア海軍兵士殺害事件	71
その3	ヒュースケン殺害事件	72
その4	第一次東禅寺事件	72
その5	生麦事件と薩英戦争	73
その6	第二次長州征討	74
その7	神戸三ノ宮事件	75

6－6　後に生じた主要な公安事件

その1	五・一五事件（１９３２年）	76
その2	二・二六事件（１９３６年）	76
その3	首相官邸デモ事件（１９４６年）	77
その4	下関の争乱（１９４９年）	77

7　日本の思い上った大国主義

7－1　日清戦争に関する記憶　　　　　　　　　78

7－2　日露戦争に関する記憶　　　　　　　　　79

7－3　第一次世界大戦の実態　　　　　　　　　81

8 敗戦国としての反省と復興

8-1 第二次世界大戦の実態
その1 太平洋戦争による惨劇　　　82
その2 原爆による甚大なる被災　　83
その3 ポツダム宣言の受諾　　　　84

8-2 敗戦国日本の復興
その1 経済資本の民主化と農地改革　84
その2 国土の再開発による問題　　85
その3 経済資本再構築の実態　　　85

8-3 戦後における日米関係の変化　　　86

8-4 領土問題に関する対応
その1 樺太の問題　　　　　　　　87
その2 北方領土の帰属問題　　　　87
その3 竹島の問題　　　　　　　　88
その4 尖閣諸島の問題　　　　　　88

9 その後の時代における治安体制

9-1 新たな治安維持体制の発足
その1 治安維持体制発足の経緯　　89
その2 日本における治安維持体制の骨格　89

9-2 その後の治安維持活動の拡充　　　90

9-3 昭和時代に右翼が引き起こした事件

その1　社会党代議士殺人未遂事件　　　91

その2　首相襲撃事件　　　91

その3　社会党委員長襲撃殺害事件　　　91

その4　雑誌社社長宅襲撃事件　　　92

その5　共産党委員長襲撃事件　　　92

9－4　今日の治安維持体制の問題点

その1　治安事件の発生状況　　　92

その2　近年における治安対策　　　93

その3　海外勢力による事件関与への不安　　　93

9－5　治安維持に関わる外国の関与

その1　幕末以前における海外勢力の関与　　　94

その2　明治維新後における海外文化の導入　　　94

9－6　領土所有権と治安の問題　　　95

9－7　過去に上映された任侠もの映画　　　96

9－8　任侠道が及ぼした文化的な影響　　　98

9－9　任侠人と右翼的傾向の人物との相違　　　99

10　領土問題に関わる任侠人の対応

10－1　日本が抱える領土問題

その1　樺太の問題　　　101

その2　北方四島の問題　　　101

その3　竹島の問題　　　102

その4　尖閣諸島の問題　　　102

10－2　領土問題に関する任侠人の対応　　　１０３

11　任侠人と云う存在の意義

11－1　任侠人が追い求めたもの　　　１０４
11－2　任侠人が果した役割　　　１０５
11－3　庶民が好んだ任侠物映画　　　１０６
11－4　時代劇映画の衰退　　　１０８
11－5　著名な映画スターの活躍
　　　その1　三船　敏郎　　　１０９
　　　その2　京　マチ子　　　１１０
　　　その3　高峰　英子　　　１１０
　　　その4　鶴田　浩二　　　１１１
　　　その5　佐田　啓二　　　１１２
　　　その6　八千草　薫　　　１１３
　　　その7　久我　美子　　　１１３
　　　その8　高倉　健　　　１１４
　　　その9　中村　錦之助　　　１１４
　　　その10　石原　裕次郎　　　１１５
　　　その11　美空　ひばり　　　１１６
11－6　今日のテレビドラマの波及効果
　　　その1　映画の凋落とテレビドラマの人気度　　　１１６
　　　その2　テレビドラマ「陸王」の効果　　　１１７
　　　その3　テレビ・コマーシャルの効果　　　１１７

12　日本の文化に影響を及ぼした外国人

その1　頼　山陽　　　　　　　　118

その2　シーボルト　　　　　　　119

その3　タウンゼント・ハリス　　119

その4　オールコック　　　　　　119

その5　レオン・ロッシュ　　　　120

その6　ジェームス・ヘボン　　　120

その7　ボアゾナード　　　　　　121

その8　ウイリアム・クラーク　　121

その9　パークス　　　　　　　　122

その10　ロエステル　　　　　　122

その11　フェノロサ　　　　　　123

その12　トーマス・グラバー　　124

その13　アーネスト・サトウ　　124

13　文化的な側面への波及

13-1　時代劇映画の終焉　　　　　125

13-2　日本の西洋化への傾倒　　　126

13-3　日本文化発展の根源　　　　127

13-4　日本文化発展の痕跡　　　　128

13-5　日本の戦後の復興　　　　　129

13-6　今日のテレビドラマの波及効果　130

14　時代劇黎明期の残像　　　　　　　　132

15　任侠道と言うことの捉え方

　　15－1　中国における任侠道の捉え方　　　134
　　15－2　任侠（任侠人）とは　　　135
　　15－3　日本における任侠道のあり方　　　136

16　補足（特殊な用語の解説）　　　　　　　138

17　おわりに　　　　　　　　141

1　はじめに

　本書において申し上げたい事柄は、歴史の上で著名とされる多く
の人々が為して来た数々の活躍を通じ、そのような彼ら一人一人が
自ずから帯びていたであろう、それぞれの人間性とその倫理感との
相関関係の中で、本書がテーマとするところの、この「任侠道」と
言う一種独特な言葉によって表現される極めて人間的な側面での
意識と言うものが、果して、彼らが執った現実の活動においてどの
ように寄与していたのであろうか、また、それが歴史上の経緯そし
て出来事において、一体、どのような影響をもたらすに至ったので
あろうかと言う視点での、彼らの活動の実態なのであります。

　そのため本書にあっては、そのような視点から、歴史上の人物や
出来事に係わる、より一層人間的な側面での経緯や事実関係、そし
てその活動の特異性等々に関する事柄について、一つずつ、出来る
限り丁寧にその実態を探って行くこととしました。

　さて、そもそも、この任侠道及び任侠人なる用語が、本来はどの
ような意味を為した語彙であったのかに関する点なのですが、それ
は、先の時代にあって、多くの一般的な町方衆が置かれていた当時
の社会において、様々な場面での人々の窮状に対し、その町方衆の
側にあって特に問題意識が高かった人々、つまり「町方衆側の達人」
たちの心中に常々宿っていた筈であろうところの偽らざる真情と
言うのは、一口で要約するならば、「弱い立場の者が苦しんでいる

事実を知ったなら、周りの人々は決して黙って居られない筈だ」と言うのが、当時における大勢の町方衆における、立場の違いを越えたところの共通した心情だった筈なのであります。それ故に、我が国にあっては、このような意識に基づいて社会の安寧のために尽力すべく街中へと出向き、自ら積極的に振舞って行った人々が、いわゆる任侠人と称された特定の人物だったのであります。

　したがって、これらの点に関する限り、世の中にて普通の暮し方をしていた人々が、日頃、心中に宿していた心情（つまり人情）と言う点に大きな差が生じることは有り得ず、また、人々のその心情と言うのは人間の本性を示すものなので、たとえ時代がどのように移って行ったとしても、そのことに関して大きな差が生じることはない筈であろう、と言う基本的な概念が、この任侠道と言う極めて特異で倫理的な課題を扱う上において、十分に留意されて然るべき大事な観点であると言えるのであります。

　一方、日本における今日の文明的な変化の兆しと言うのは、明治時代に至るとすぐに顕在化して行ったのであります。その主な理由は、なんと言っても、江戸時代に設けられていた幕藩体制や、士農工商と言った閉鎖的な社会制度が払拭されたことであって、人々の地域を越えた移動そして職業選択に対する制約が撤廃され、それによって今までとは逆に、人々の交流と言う側面が目覚ましく活性化されて行ったと言うことが、このような文化開明的な社会の展開に関して大きな寄与を為すに至った、最大の要因だったのではなかろうかと思われるところなのであります。

2 任侠道、そして任侠人とは

　そもそも、この任侠道と言うのは、前述の如く「弱い立場の人々に対しては、当然の如く救済の手を差し伸べて然るべし」との意識によるところの、極めて人間的な側面での心情に基づく理念の在り方について、当時の人々が、そのような概念を一言で表現しようとした際に活用した一種独特なる用語なのであります。

　そして、その一方で「任侠人」なる用語が持っていた意味合いについてでありますが、それは先の時代において、とかく横暴に振る舞いがちだった武士の態度に困惑し、これに抵抗すべく立ち上って行った特定の人物が、当時「任侠人」と呼称されるような、極めて度胸のある町方の衆だったのでありました。従って、この任侠人と称された特定の人々は、時代が進むに連れて次第に町方衆の人気を得て行くところとなり、そのため後の時代にあっては、歌舞伎舞台の脇役として採り上げられたりする際の「侠客」なる独特の言葉と整合されて行き、その双方は共に同一の意味合いを為す用語の如くに、互いに融合して行ったと言うことなのであります。

　従って、通常この任侠人は、街中に潜み市中にある諸悪に対して常に目を光らせて行き、障害に遭遇していそうな人物や人的抗争について見極め、その際には、そのような障害をすべからく排除すべく、義侠心をもってその事態を平定し、更には積極時にその事態の改善を進めて行こうとする、そのような社会的に重要な役割を果すために、彼らは必要とされる限り、いつでも積極的に社会の表舞台

へと出て行き、自発的にその任務を果そうとの意識を体したところの、当時には得難い奇特な人物だったのでありました。

　このようにして、当時、任侠人は、歌舞伎舞台にあって、例えば実在の人物をモデルにしたとされる、『侠客春雨傘』の大口屋暁雨や『助六』の花川戸助六、『曾我誘侠御所染』での御所の五郎蔵など、また『御摂手向花戸川』の舞台にあっては幡随院長兵衛の妻女なる人物を登場させる等によって、より一層の実在感を醸し出して行ったのであります。そのような側面から、この時代に名を成した当時の任侠人たちは、一般庶民の側からは男伊達のある人物の象徴として、言わば、昔日のドラマの「銭形平次」のような憧れの存在であったと言うことが覗われるところなのであります。

　ところでこの侠客と言う用語は、そもそも職業を意味するのではなく、義侠心をもって弱者を助け強き者をくじく人、つまり男伊達と称する面を強調した言葉なのであります。そしてこの侠客と言う言葉について、幸田露伴（戦前に活躍した文豪、文化勲章受章者）や新渡戸稲造（国際平和に尽力した学者）ら当時の著名なる文筆家たちは、武士道とこの任侠道と言うのは殆んど同義の語彙であって一括りにすべきものであるとして、その精神的な意味合いでの血縁の近さを世の中に向って力説されていたのであります。

　そのため、後に述べるように、日本にあって、江戸時代に始まり明治・大正・昭和と時代が移り行く中で、その名を国中に知られる程に著名な侠客なる人物と言うのは、実は大勢が登場して来る次第なのであって、それ故、当然のことながら、彼らが辿って来たので

あろうところの数々の行状と言うのは、当時の社会的風土にあっては人々の称賛を呼び、そして、庶民たちの間における格好の話題とされるに至ったのであります。

　しかしながら、江戸や明治の時代での事柄なら兎も角として、その一方で、現代の日本と言うのはすでに立派な法治国家であるにも拘わらず、近年に至っても、相変わらず無頼の輩が暴力団を組織したり、闇世界で暴利を得たり、そして、一般の健全なる庶民たちが搾取や暴力的な危険に晒されていたりと、その視点を全国に転じて行けば、不法就労や不当な搾取等々の実態は、相変らず津々浦々に数々散見されているにも拘わらず、実を言えば、その多くが見逃されてしまっている側面があると言えるのであります。そのような意味合いにおいて、ある面では今日にあっても、悪しき現実は決して少なくないと言えるのであって、そのような実状は、本書の趣旨に従えば、明らかに「任侠道にあらず」なのであります。

　そして、それはまた、例えどのように文化が進んで行ったとしても、人間の本性とも言うべき部分では、残念ながら、必ずしも進化が見られる訳ではないと言うことの顕われなのであります。

　従って、そのような風潮を是正して行くためにも、是非とも力量のある任侠人に立ち上がってもらい、芝居における国定忠治の如くに、諸悪を成敗してもらいたいと思うところであます。

3 任侠人活躍の時代的な背景

3−1 中国における任侠の発祥

　任侠に係わる中国の歴史は極めて古く、すでに春秋時代（紀元前770年〜400年）にはそのような実態が生じていたとされ、それは、一度でも情を施されれば、命に懸けてもその恩義を返すことによって義理を果す、との精神を重んじ、主に、法で縛られることを嫌った特定の人々が任侠道に走ったとされるのであります。

　そもそも、中国はその領土が極めて広大であって、複数の民族が存在し、それ故、中央の権威が地方にまで及びにくかったのであります。そして、そのような地方における無法地帯において、馬賊等々による脅威に常に脅かされ続けて行ったことが、個人と個人との間における、義理や忠誠と言った心構えを強調して行く下地を為していたと考えられるのであります。

　さて、中国の戦国四君（戦国時代の４人の公子）は、食客や任侠の徒を３千人も雇って国を動かしていたとして国家から表彰されますが、その四君の中にあっても特に義理堅い人物の信陵君（魏の公子）を慕っていた劉邦は、その後に、なんと任侠の徒から皇帝にまで出世したのであります。そして、この任侠の徒らを題材にした書物が「史記」の中の「遊侠列伝」なのであります。また、そこに登場する人物の朱家は極めて有名なる人物であって、彼は、たとえ貧乏人であっても助命することは正しいとしていて、その事で礼を

言われることを嫌っていたために、その後、彼はより一層の名声を博すような立場になったとされるのであります。

3－2　日本における任侠道の展開

　任侠と言う言葉は、そもそも中国から持ち込まれ、日本へと定着したものなのであります。そして、その中国における「任侠道」の歴史は至って古く、前述の如く、すでに春秋時代の頃から、そのような生き様が広く志向されていたとされます。そして、その時代における中国における任侠道とは、実は徹底して義理と人情とが交わる精神を重んじる形式のものだったのでありました。そのために、法で縛られることを嫌った一般社会の多くの若者たちは、ある時代に一斉にこの任侠道へと走ったとされていて、例えば、前述の如く劉邦（後の前漢初代の皇帝）でさえも、若い時期にあっては、このような任侠の徒でもあったと言う次第なのであります。

　そもそも中国において任侠道たる生き様が定着し、そして広大な国土の隅々にまで広まって行ったのには理由がありました。それは地方にあっては、法の権威が及ばない側面が多々ある中で、圧政や馬賊らが為すところの無法行為から庶民たちを守るための方策として、庶民たちの側が積極的にこの任侠道を受入れて行き、義理と人情を重んじる拠り所としたからなのであります。

　そして、一方の日本にあっては、江戸時代から近代へと至る過程において、既にその政治的な状況は十分に安定していて、いわゆる

法治主義が国内の隅々にまで浸透して行ったために、この任侠道なるところの精神的な生き様は、現実には社会の最下層や、いわゆる非合法の世界（闇の社会）において振る舞っていた人々にしか浸透しなかった、と言う状況に踏み止まったのでありました。

　さて、改めて振り返って見た時、日本で最初に任侠の徒と称されたような人物が果して誰であったかと問えば、それは江戸の浅草に住み、当時は町奴と呼称され、男伊達を競っていたところの幡随院長兵衛だったのではないでしょうか。彼は元和8年（1623年）の生れであって、江戸時代の前期に活躍した町人ですが、しかしながら、その一方で、彼は江戸の市民を取り締まるための役柄を帯びた頭領たる立場であったために、ある時に生じた些細なる揉め事を口実として、それを不服とした旗本（幕府直参の武士）に呼び出された上で、あっけなく抹殺されてしまうのであります。

　一方、任侠人を語る際に忘れて成らないもう一人の人物と言えばそれは、上州（群馬県）を地盤として活躍したところの国定忠治ではないかと思われるのであります。彼は文化7年（1810）生れの著名な侠客であって、ここでは委細に及ぶ程の経緯などは割愛しますが、いずれにしても奇怪であるのは、彼自身は、天保の飢饉に苦しんでいた多くの貧民らを救済する目的のために為政者の側に盾突いて行ったため、町人たちからは英雄視されたものの、結局は幕府の役人によって捕えられてしまい、彼を惜しむ大勢の住民たちが見守る中で、最後には磔（はりつけ）と言う極めて異例な極刑に処せられてしまい、40歳にて刑死するのであります。

３－３　侠客が為した、彼らの善意

　この時代（江戸後期から明治初期）にあっては、市民らの行動に対して制度上でのいろいろな制約が為されていて、例えば、一般の市民が自由に行き来できる範囲と言うのは、通常、近隣の社寺仏閣を参詣すると言った程度のことだったのであり、仮にそれを超え、しかも他藩の領域にまで至ると言うような旅立ちにあっては、鑑札の取得と言った制約が控えていて、当人の一存で自由に行き来してしまうと言うような訳にはいかなかったのであります。

　そして、そのような制約された当時の環境と、役人による一方的な締め付けに対して、当時の多くの市民たちはすでに辟易していたと言う状況の中で、一方の彼ら任侠人（侠客とも言う）が振舞ったところの、弱者の救済と言った側面に沿って為されて行った多岐に亘る活動に対しては、むしろ多くの市民らは、ある意味で心中にて秘かに感謝し、喝采さえ送っていたのではなかろうかと考えられるところなのであります。

　一方、徳川幕府中期（１７世紀）の頃になって、その当時の幕府は、江戸や大阪において河川や橋梁そして主要な幹線道路の改修を急ぐと言う、都市機能の整備を目的とするところの重要なる政策を次々と打ち出して行きますが、実は、そのために必要とされた役務には、多くの牢人を駆り出していたのであります。そのため、その牢人たちが受け持った役務に対する労務管理的な側面での役割を担ったのが、実は任侠人だったと言う次第なのであります。

　そして、そのような任侠人たちの正体を問えば、実はその多くが

当時の社会において無禄の存在に置かれたところの、旗本（将軍家直参の武士）の次男坊以下の者たちであったと言うことなのであります。従って彼ら任侠人は、建前は武士でありながら、実態は、その存在意義すら問われざるを得ない程に遊民的な存在へと堕ちてしまった人物だと言えるのであって、それは当時の社会の仕組みが封建的な制度の上で成り立っていたために生じてしまった、極めて不本意なる実態と言えるところなのであります。

　しかしながら、そうは言っても、その仕組み自体は、江戸時代において極めて長期に亘って続けられたのであります。

3－4　博徒の結集とその理由

　江戸時代も後期ともなってくると、中部地方や東海地方、そして関東地方を主体として博徒たちが横行して行き、そのため、駿河にあっては清水次郎長らが、また上州にあっては国定忠治がと、その当時にあって、その名前が世の中に広く知れ渡って行った程に著名な博徒衆らは大勢が出現して行ったのであります。そして、その中でも甲斐（甲州地方）にあっては、江戸時代後期に、清水次郎長と争ったところの黒駒勝蔵等々と言った、全国的にも著名な博徒衆が多数輩出されるようになって行ったのであります。

　この、著名なる博徒たちを生んだ各地域にあっては、実は、互いに共通するような地域的な特色が共有されているのでありますが、それが実は「養蚕業」なのです。この養蚕業と言うのは、特定時期

には集中した労働力が求められるものの、一方で、経済的な効果が極めて高い職業でもあるため、それは既に江戸時代の初期には各地に広まっていて、しかも昔から、女手にて仕切ることができる極めて特異な産業でもあった次第なのです。従って、相対的に暇をもてあそぶ始末となった亭主らが寄って行った先が、実は博徒が仕切るところの博打（ばくち）場だったと言う訳なのであります。

　そして、これに染まった多くの輩（やから）が、やがて博徒衆へと転化して行ったとされるのであります。

３−５　甲斐国に向けられた視点

　このような特異なる地域的状況を背景として、江戸時代の後期にあっては、特に甲斐国を皮切りにして盛んになって行った賭場での博打興行の繁栄によって、甲斐にあっては著名なる博徒を多数輩出して行く次第となり、当時発刊された「近世侠客有名鑑」が記しているところによれば、その時代に中心的役割を演じた博徒のおよそ２割が、実は甲斐国の出身者にて占められると言う状況だったのであり、そこには、あの清水次郎長と争った黒駒勝蔵を始めとして、その親分衆でもある竹居安五郎、そして黒駒勝蔵と敵対する関係にあった三井卯吉、あるいはその子分の国分三蔵や祐天仙之助、また清水次郎長とは同盟関係にあった津向文吉、はたまた、甲州博徒の先駆けともなって行った西保周太郎と、数多くの任侠人たる輩たちが、それぞれの賭場において活躍していたのでありました。

一方、甲斐国（山梨県）にて観られる、このような当時の人的な傾向に関して、その地域性に言及された、さる人物による見立てにあっては、一見、甲斐は、山々に囲まれていて閉鎖的に見えるものの、実はその一方において、それは「逃亡を助けてくれる要件なのでもある」としているのであって、だからこそ、甲斐国にあっては賭博嗜好の気風がより一層強くなったのだとの、迷惑もこの上ないところの論理を展開している輩も居た次第なのであります。

　つまり、何事によらず、いろいろな物事においては、常に表側と裏側（つまり相容れないという関係）と言う両面性があるとの現実を、それは巧みに物語っている次第なのでもあります。

3－6　当時の代表的な博徒衆

　そもそも、この侠客なる呼称は、中国にあっては、紀元前であるところの春秋時代には義侠（強者をくじき、弱者を助ける心意気）なる言い方にて使い馴らされて来た、渡世人的な側面を色付けするところの、いわゆる無法者と言う言葉に近い、ある種の美称として引用されて来た言葉でもあった次第なのであります。

　しかしながら、それは日本に入ってから変化を重ねて行き、初期の室町時代に「かぶき者」とされた時期を源流として、江戸時代の初期には「博徒」や「やくざ者」の側面が強調されたもの、後には主に「任侠人」や「侠客」と美称されるようになり、彼らに対する見方に正義を重んじる義侠との意識が加わって、その存在がかなり

重んじられるようになって行ったのであります。

　さて、今日の視点において、その時代に活躍した主たる任侠人を挙げて行くと、それは次のようなこととなる次第であります。

・塚原　卜伝　　　　（1489・　・　－1571・　・　）　　生没不詳

・幡隋院　長兵衛　　（1622・　・　－1650・5・13）　２８歳没

・金看板　甚九郎　　（1694・　・　－1765・　・　）　７１歳没

・日本　左衛門　　　（1719・　・　－1747・4・20）　２８歳没

・新場　小安　　　　（1790・　・　－1865・9・24）　７５歳没

・飯岡　助五郎　　　（1792・　・　－1859・5・16）　６７歳没

・大前田　英五郎　　（1793・　・　－1847・2・26）　８１歳没

・新門　辰五郎　　　（1800・1・1－1875・9・19）　７５歳没

・佐原　喜三郎　　　（1806・　・　－1845・7・7）　３９歳没

・相模屋　政五郎　　（1807・　・　－1845・1・13）　７９歳没

・笹川　繁蔵　　　　（1810・　・　－1847・　・　）　３７歳没

・国定　忠治　　　　（1810・　・　－1851・1・22）　４０歳没

・祐天　仙之助　　　（1818・　・　－1863・　・　）　４５歳没

・清水　次郎長　　　（1820・2・14－1893・6・12）　７３歳没

・森　石松　　　　　（生年月日不詳－1860・7・18）　年齢不詳

・逸見　貞蔵　　　　（1820・　・　－1912・10・12）　９２歳没

・黒駒　勝蔵　　　　（1832・　・　－1871・　・　）　３９歳没

・会津　小鉄　　　　（1833・7・7－1885・3・19）　５１歳没

・田代　栄助　　　　（1834・9・16－1885・5・17）　５０歳没

・吉田　磯吉　　　　（1867・6・5－1936・1・17）　６８歳没

・出口 王仁三郎　（1871・8・27 −1948・1・19）　76歳没
・内田 良平　　（1874・2・11 −1937・7・26）　63歳没
・堤 任三郎　　（ 彼は、生没年月日ともに不詳であります ）

4　主な任侠人とその生涯

その1　塚原 卜伝

83歳没（1489・　・　−1571・　・　）

　彼は、常陸の国の鹿島神宮の神官でもあった大掾氏の一族であるところの、卜部覚賢の次男（幼名は朝孝）として生れて、後に父親の剣友でもあった塚原安幹の養子となって成長し、その際に名前を高幹と改めたのであります。彼の武道とは、実父からは鹿島古流を、一方、義父からは香取神道流を伝授されたのでありました。

　その後、彼は武者修行の旅へと出立して行き、自身の剣術に更なる磨きをかけて行ったのであります。そのために、その間における武術の立ち合い回数は延べ37度（真剣にて19回、木刀にて18

回）にも及んだものの、しかしながら、ただの一度たりとも不覚を取ったことが無かったとされるのであります。

　そして、その後に生じたところの川越城下における梶原長門との対決においては、相手の側が一門の弟子ら多数を連れての立ち合いとなったものの、彼は決して怯むことなく戦って行き、刀傷を受けるようなことが全く無かったとされるのであります。

　一方、彼は、その後の晩年を郷里の鹿島にて過していて、元亀２年（１５７１年）に死去したとされます。享年８３歳と言う、正に剣豪たる人物にふさわしい大往生だったのでありました。

その２　幡随院 長兵衛

２８歳没（1622・　・　　－　1650・　5・13）

　この人物は、昔からの伝承で、唐津藩の家臣であった塚本伊織の息子だったと称されているのですが、実際のところ、その誕生には謎とする部分が多々潜んでいると言うのが実状であります。

　さて、長じた後の彼は、江戸に出た上で浅草にて周旋業を営んでいたとされていて、要するに、江戸時代前期における単なる町衆の一人だったと言う訳なのであります。したがって、彼のような輩と言うのはその当時には大勢がいて、その時代には、彼らは単なる町奴（まちやっこ）と揶揄されつつ、各人が気の赴くまま、その男気やらを好き勝手に競い合って暮していたのであります。

　そのようにして、生来が武士の出であった彼は、旗本の奴衆とも

勢力を競い合って奔走しつつ、次第にその実績を上げて行ったことによって、やがて多くの町衆らの人気を得て行くようになり、そのために、彼は、ついに町衆の頭領となったと言う次第であります。つまり、彼は、言うならば侠客の元祖とも言われる程に、その存在振りが際立った人物だったのでありました。

　なお、彼の没年については、墓碑によれば、それは慶安３年４月１３日とされますが、その一方では、明暦３年７月１８日とされる説もある次第なのであります。そして、彼の墓所は、東京都台東区東上野６丁目にある源空寺の境内であります。

その３　腕の喜三郎　（実名については不詳）

（生没に関しても不明）

　寛文（１６６１－１６７３）の頃に、「野出の喜三郎」と称する５人力ほどの侠客が、２尺数寸（７５～８０ｃｍ）程の長脇差を携えて、江戸の町内を活歩していたのでありました。

　ある時、この喜三郎は、喧嘩で相手をさんざん痛め尽くしたものの、自身にあっても片腕を落とさんばかりに切られながら、自若とした様子で帰宅し、その上で、それが見苦しいとして、子分に命じて腕をノコギリで切り落とさせたと伝えられています。

　世間はその豪胆さに驚いて、その後に彼を「腕の喜三郎」と呼称するようになり、また、彼のその侠勇（男気があるさま）たる様子はすぐに世間に知れ渡って行ったのであります。

なお、彼の墓所は東京・墨田区の小塚原回向院にあって、鼠小僧
次郎吉や高橋お伝の墓に隣接しています。

その4　大口屋　暁雨

（生年は不明　－　1731年12月　日）

　彼に関する資料は少なく、生年は不詳であるものの、その実在性
は確かであって、いずれにしても、彼は、浅草・蔵前において札差
屋（幕府から旗本や御家人に支給される米穀の仲介業）を４５年間
にも亘って営んでいた人物なのであります。

　彼の特徴は、その風態が、芝居の「助六」とそっくりに黒小袖の
紋付を着流していたことであって、しかもその紋様は、二代目市川
団十郎が助六を勤めた時の杏葉牡丹を真似ていたのであります。

　彼は、二代目団十郎が助六の演目の「男文字曽我物語」を勤めた
際には、その座敷の西側半分ほどをこの大口屋暁雨ただ一人の名で
買い占めて、それを町方衆らに譲ったとされるのであります。

　また、その一方で、彼が吉原へ通う際に携えた脇差は、かなりの
業物（わざもの）でもあったとされるのであります。

　しかしながら、その晩年にあっては、彼は自身が勤めていた札差
屋を廃業し、侘しき一人住まいの中で、享保１５年（１７３１年）
の年末に死去したとされています。

その5　金看板　甚九郎　（実名については不詳）

７１歳没（1694・ ・ － 1765・ ・ ）

　この人物は、江戸時代中期に活躍した侠客の一人なのであります
が、その実、彼自身は、普段にあっては、江戸の芝神明前において
亀屋と称する駕籠（かご）かき屋を営んでいたのであって、要する
に、普段、彼は人足たちの口入れ（周旋）を生業にしていたところ
の、陰に隠れた存在の任侠人だったと言う次第なのであります。

　そして、彼が振舞っていた日頃の任侠振りが次第に世間の人々に
知られるようになったことで、彼の名前は、後に任侠人として世間
に知れ渡るところとなったのでありました。

その6　日本 左衛門

２８歳没（1719・ ・ － 1747・ ４・20）

　この人物の正体は、表向きには、江戸時代中期に活躍した単なる
浪人衆の一人だったのであり、その本名を浜島庄兵衛と言い、彼の
父親は尾張藩の下級武士だったのでありました。しかしながら、そ
の実態は、当時、遠江国を拠点として国中を荒らし廻っていた盗賊
たちの一味なのであって、彼は後に自首し、そのために獄門に処せ
られたことにより、その名が広く知れ渡るようになった特異な人物
であります。それ故、後の時代にあって、歌舞伎舞台の「白波五人
男」の中の一人として演じられるようになった、日本駄右衛門なる
役柄と言うのは、この日本左衛門について、世に知られている範囲

の事実をモデルとして成り立っているのであります。

　しかしながら、現実の問題として、生前の彼の実態を知ることが出来る有力な資料と言うのは何ら残されていないので、その生き様と言うべき彼の本来の様子などは、歌舞伎の舞台で演じられている程度の事柄しか判明していないのであります。

その7　新場 小安

７５歳没（1790・　・　　－1865・9・24）

　この人物は、その当時、江戸の日本橋付近にあった木場にて生れ育ち、当時の彼の通称は伊勢屋卯之助だったのでありました。

　世間においては、一般に、彼は魚河岸の顔役として知られていた人物でしかなかったものの、その実像と言うのは、実は幕末の時代に知られた任侠人の一人でもあって、彼の墓所（深川の重願寺）の墓石に刻まれた戒名にあっては、「小安院観誉静翁信士」と、生前に彼が拘っていたのであろうところの、極めて心理的なその立場を表したと思われる文字が刻まれているところであります。

その8　飯岡 助五郎

６７歳没（1792・　・　　－　1859・5・16）

　この人物は相模国の生れで、大力を有する大柄な男であったこと

から、その地へ巡業に来た相撲部屋の親方衆らに見出され、一度は力士の道へと進んだものの、その親方の急死によって、彼は止むを得ず廃業に至り、一方で、当時は大漁景気に沸き立っていた九十九里浜へと流れて行き、上総国の飯岡の地において網元の親分の世話になって、漁夫として暮すことになったのであります。

　一方、彼は、その飯岡の地で行われた神社の奉納相撲で名を成したことから、その当時、銚子から飯岡に至る広大な領域にて縄張りを有していたところの、銚子の親分の代貸（賭場の親分）としても立ち廻ったのであります。そして、彼は後に飯岡一帯に及ぶ網元としての事業をも成功させるに至り、彼は、ついに名実共に房総半島一帯における大親分たる存在となったのであります。

その9　大前田 英五郎

８１歳没（1793・　・　　－　1874・　2・26）

　この人物は、上野国の大前田（現在の前橋市の周辺域）の生れであって、彼は賭場（博打場）の開設には消極的であったために、武蔵国の侠客が彼の管轄内において賭場を開いた際にはこれを咎めて、その責任者を厳しく追及して行き、また、逃亡したような際には、領域を超えてまで彼らを追い立てたのであります。

　しかしながら、１５歳の時に、彼は武蔵国の博徒が父親の縄張りにおいて賭場を開いたことを厳しく咎め、その際、既にその相手が逃亡してしまったことを知らず、その賭場に残っていた人物を博徒

の子分と見誤って切り殺してしまうのであります。そして、これを恥じた英五郎は、止むを得ず国境を越えて、他藩の領地へと逃亡してしまうのでありました。

　ところが、その後、彼は二度目となるところの国境越を行うことになるのであります。それは、同じ上州の久宮村（現、みどり市）に住む侠客の一人を殺害したことによるのでありました。

　そのため、彼（英五郎）は、東山道を西に逃亡して美濃の地まで行き、そこで出会ったところの、合渡の政右衛門なる人物の厄介になるのであります。しかしながら、この人物も実は同じ博徒の一人であって、彼は、この人物の厄介になっている時期の賭博に関わる貸金回収を任されていた際に、その仕事に伴った第二の殺害事件を犯してしまうのでありました。

　そして、彼は３２歳となった文政７年に捕らえられて入牢し、後に佐渡送りになったのであります。しかしながら巷間の噂では翌年の文政８年に佐渡にて集団逃亡があったとされ、その中に彼が含まれていた様子なのであります。何故なら、無事に故郷に帰って来た英五郎に対して、その経緯を知った実兄が、彼を厳しく叱りつけたとされるからであります。

その10　新門 辰五郎

　　　　　　７５歳没（1800・　1・　1　−　1875・　9・19）

　この人物は江戸下谷（現在の台東区下谷）の生れで、彼は幼少時

に生じた実家の火事によって父を失い、また、それによって近隣に対して類焼を及ぼしてしまったことの責任を強く感じていて、そのために、実の父親は飾職人であったものの、彼自身は、成長した後に、自ら望んで町火消へと進んで行ったとされています。

そして彼が名乗っていた姓の新門（しんもん）は、町火消の親方でもある彼自身が、浅草寺の僧坊でもある伝法院の新門辺りをその責任範囲としていたことに由来しているとされます。

一方、彼はかなり男前であったために、武家の側の頭領でもある一橋慶喜や勝海舟らとも日頃の付き合いがあって、そのような交友関係によって彼は特別の力を得て行き、彼は後に、京都の二条城や上野寛永寺の警護についても係わったのでありました。

なお、余談ではありますが、彼の娘のお芳は、実はとても器量が良かったので、そのような噂を知ったところの当時の遊び人の一人で、後に、江戸幕府第１５代将軍となった一橋慶喜によって引かれて行き、彼女はその側室の一人となったのでありました。

その11　佐原 喜三郎

３９歳没（1806・　・　－　1845・7・7）

この人物は、下総国香取郡佐原村で３０町歩にも及ぶ耕地を所有していた大百姓の息子であって、天保７年（１８３６年）に、さる事件との関わりにより、近隣の芝山の博徒を殺害してしまったのであります。その原因は単なる女絡みとされるのでありますが、いずれにしても、彼は奉行所の役人によって捕縛され、その３か月後に

勘定奉行による裁きによって、彼に対して遠島との沙汰が下されてしまったのであります。そして、その年の１０月１０日に島送りとなった後、途中の三宅島にて風待ちし、翌年５月に、遂に太平洋の沖合い遠方の八丈島へと護送されたのでありました。

　囚人の立場となってしまった彼は、この島内で虚無僧姿にて托鉢をして廻り、まるで乞食の如くに地元民からの恵みを受けつつも、かろうじてその命を繋いで行ったのであります。しかしながら、その間、彼は決して従順だった訳ではなく、何とか舟を確保し、後に同じ咎人の吉原の遊女ら５人を連れて、遂に島抜けを決行したのであります。それは天保９年７月３日のことであって、時には時化に見舞われ、帆柱を破損させると言うような厳しい困難にも見舞われながらも、彼は決死の覚悟にて航海を続けて行き、遂にその６日後に至り、見事に、常陸国の鹿島灘の荒野浜への帰着を無事果したのでありました。そして、彼が懸念したところの「島抜け」に対する詮議は、結局のところ生じなかったのであります。

その12　相模屋 政五郎

７９歳没（1807・　・　－ 1886・ １・13）

　この人物は、幕末から明治にかけて活躍した侠客であって、その一方で、口入屋としても手広く活動していたのでありました。彼は江戸にて生れ育ち、その後に同業者である相模屋幸右衛門の養子となって、文政年間に日本橋の箔屋町にて一家を構えました。

彼は、その後、土佐藩主の山内豊熙に見出され、土佐藩江戸屋敷の火消し頭となって、その際には、安政2年（1855年）3月に生じた藩邸内での火災に際して、自らが火薬庫への引火を阻止して大火への拡大を防ぐという活躍をしたのであります。

　そして、これらの業績によって、後に彼は江戸町方衆らの口入れ屋として図抜けた存在となって行き、彼が支配したその町方衆たちの人数は何と1300人にも及ぶと称されたのであります。

その13　笹川 繁蔵

37歳没（1810・・　－　1847・・　）

　この人物は、下総国東部の地（現在の東庄町）で醤油を生産していた醸造家の三男として生れました。彼は、既に少年時代に国学を学び、また、相撲や剣道に夢中になるあまり、江戸に出て相撲部屋へと入門してみたものの、それは長続きをせず、1年程にて終ってしまったのでありました。そして彼は、この頃から博打（ばくち）に嵌るようになって任侠道に染まり、そのため、彼はかつて同僚であった人物による物資両面の支援を得て行き、遂にその筋の一家を構えるまでに至ったのであります。

　さて、その彼が営んだ花会（親分衆を集めた賭場）は常に人気に溢れ、そのため関東全域に広く知れ渡り、多くの客を集めるようになって、そしてその客人の中には、清水次郎長や国定忠治、大前田英五郎と言った著名な侠客の姿が見られたのであります。

一方、その頃、彼は銚子を地盤とする近隣の大親分の飯岡助五郎たちと勢力を争うようになって行き、彼は天保１５年（１８４４年）に、利根川を挟み、この飯岡一家との間で多勢による騒動（これを大利根川の決闘と言う）を引き起して、その飯岡勢を敗走させると言うような実績を誇っていたのでありました。

　その後、彼は一時故郷を離れた後にまた舞い戻り、更には小勢力にて飯岡側を討とうとしたものの、その際には飯岡側の策略に謀られて、虚無僧姿に変装した助五郎の子分による闇討ちに合ってしまい、なんと彼は暗殺されてしまうのであります。その時に彼自身は未だ３７歳という、人生の真只中だったのであります。

その14　国定　忠治

　　　　　４０歳没（1810・　・　　－　1851・　1・22）

　彼は、江戸時代後期に現われ、その活躍振りが著しく世間を騒がせるに至ったところの、著名なる侠客の一人であります。彼の生地は、赤城山の南麓に位置する農村地帯において、その地で主に養蚕業を営む豪農たる家系の出身であって、彼の苗字とされている国定は、その出生地である国定村に由来しているのであります。

　彼は成長した後に博徒となり、以降、自分に敵対するような周囲の博徒たちと次々に対峙してその縄張りを奪い取り、その地の親分になると言うことを繰り返したため、やがて、その勢力は関東一帯にまで広がって行くところとなったのであります。

その一方で、天保１３年に水野忠邦が老中に抜擢されると将軍の日光参詣が復活し、それに合わせて幕府の関東取締役による賭場の手入れが強化されて行ったために、それに抗すべく、博徒の組織とその手勢はより一層強大化し、潜伏して行ったのであります。

　そして、彼はこの事態に強く反発し、それに関わった関東取締役らの、賭場での不正を暴こうとの姿勢へ転じて行き、一方、それに対する幕府の役人側においては、博徒衆らに対する締め付けをより一層強化すべく、治安維持体制の面での組織の拡充と、監視強化のための方策を次々と整備して行ったのであります。

　そのため、彼はついに関東取締役人によって捕縛され、江戸へと送られて小伝馬町の牢に繋がれ、その間にあって彼に対して厳しい詮議（取り調べ）が行われたのであります。そして、その後、彼は竹で編んだ駕籠（かご）に収容されたままで、上州北部の大戸なる辺境の地へと送られ、衆人監視の中で、遂に磔（はりつけ）の刑に処せられてしまったのであります。それは、１２月下旬の寒い日のことだったのでありました。

その15　祐天 仙之助

４５歳没（1818・ ・ 　－ 1863・ ・ 　）

　彼は、甲斐（甲府）で活躍していた修験者（山伏のこと）の息子で、若くして剣の達人ではあったものの、当時は、すでにその存在が世に知られていた大親分の下に仕えていた、単なる道楽者の一人

でしかなかったのでありました。

　ある時、彼は地元の遊郭にて一人の遊女を見初め、彼女を勝手に連れ出してしまったことから、遊郭の付人ら多数と斬り合う事態となってしまい、その相手方を多数負傷させたことから遊郭の主人側が折れて、その遊女を彼に下げ渡したのでありました。そして一方の祐天仙之助は、そのことで名を上げて行き、やがて多数の子分を従えるような身分となって行ったのであります。

　彼は、当初は甲府を中心に活動していましたが、やがてその拠点を勝沼へ移して行き、そして、彼の得意な所業が荒技（暴力）でもあったことから、自分の勢力自体は拡大されたものの、その一方にあって、近辺における当時の有力な侠客であったところの黒駒勝蔵や清水次郎長らとは次第に敵対するような、悪しき関係へと堕ちて行く事態となってしまったのであります。

　そうした厳しい情勢変化の最中の甲斐にあって、その後、廻りの仲間内で勢力争いが激化して行ったことによって、彼自身は、遂に竹居安五郎や黒駒勝蔵らと対峙する事態となって行き、その一方では、世の中の意識の変化を受けて、幕府側の役人が博徒らの取締りを強化して行ったために、彼自身は密かに甲斐からの逃亡を図ったものの、後に彼が江戸へ出た際に、彼を良く知る者に見つかり斬殺されてしまったのであります。享年４５歳でありました。

その16　森の石松

（生年月日不詳　－　1860・7・18）

巷間に伝わるところによると、彼の出身地は三州半原村（現在の愛知県新城市富岡）とも、また、遠州森町村（現在の静岡県周智郡森町）とも伝えられているものの、その点に関しては確たる証拠がある訳でもなく、必ずしも真実とは言えないのであります。

　しかしながら、いずれにしても、彼が日頃は「森の石松」と呼称されていたことから観て、一般的な理解として、彼自身は半原村にて生れ、侠客の「森の五郎」によって拾われた後に、実父が住んでいた森町村へと移り住んで、成長して行ったものと推察されるのであります。しかしながら彼の出生については、なおも「謎」とさる部分が多々あって、それ故に、実は、彼の実在性すら疑問視されるような一面もあると言う次第なのであります。

　一方、後の侠客伝が示すところによれば、彼は、極めて著名なる侠客であった清水次郎長の一番弟子として大活躍を為した、非常に個性豊かな人物なのであって、その点に関する限り今日でも人気があり、庶民に愛された侠客であったと言えるのです。

その17　清水 次郎長

７３歳没（1820・2・14 － 1893・ 6・12）

　彼の本名は、実は山本長五郎なのでありました。彼は、幼くして米問屋である遠州（静岡）の山本家に養子に出されたものの、その養家が没落したことによって博徒となり、やがてヤクザ仲間の中で頭角を現わして行ったことによって、後に、静岡の清水区にて自身

の縄張りを持つに至り、清水次郎長を名乗ったのであります。

　彼は、戊辰戦争（慶応４年〜明治元年）にて使われ、榎本武揚が率いた官船の咸臨丸が、逆賊船との汚名の下に清水港に曳航されて放置されたままだった、その船内から、乗組員の遺体を収容し丁重に葬ったことで、後に彼は、その義侠心に対して深く感動したとされる幕臣の山岡鉄舟と知り合うことになったのであります。そしてこの二人の信頼関係によって、維新の後に、彼は富士の裾野の開墾事業にまで乗り出すようになって行き、それによって社会事業家としても名声を成すほどの成果を上げて行き、世間からの注目を一気に浴びるようになって行ったのであります。

　そのような周囲の状況が日増しに変化して行く中で、彼は改めて自分の領域を守るべく、後に、黒駒勝蔵等々の幾人かの博徒衆らによる抗争に関与して行き、その一方で、戦地へと動員された咸臨丸の船内に放置されたままだった船員の遺体の収容と埋葬とを取り仕切って行き、後に、彼はその墓地において「壮士慕」なる石碑を建立しているのであります。そして、このような側面から、旧幕臣の山岡鉄舟や西郷隆盛らは、清水次郎長が示したこのような義侠心に対し、深い感銘を受けていたとされるのであります。

　そのような男伊達のある人物であった彼は、世間からも親しまれていたのでありますが、しかし後に風邪をこじらせて、明治２６年に急逝してしまったのであります。なお、後に建立された彼の墓碑に刻まれた「侠客次郎長の墓」の碑の文字は、実は榎本武揚の筆によるものなのであります。

その18　逸見 貞蔵

９２歳没（1820・・　－　1912・10・12）

　彼は、下総国の上辺見村（現在の古河市）にて名主の次男として生れ、江戸から明治にかけて活躍した侠客の一人でありました。

　さて、その生地は、城下町であり商業地でもあった市街の中心であって、そのために人々の往来が盛んであり、したがって博徒らが集りやすい環境でもありました。そして、彼は、めっぽう喧嘩にも強い、その一方で、親分肌の人物でもあったのです。

　彼は成長した後、博徒になることを決意して生井弥兵衛の門下生となったものの、しかしながら、すぐに喧嘩に巻き込まれ、相手側の子分を斬り殺してしまったのです。そのため、彼は江戸の小伝馬町牢屋敷に送られ、また、後には江戸湾岸の石川島にあった人足場へと送られて、強制労働に服していた次第なのですが、実は、その４年後にこの施設で火災が発生し、その際に彼は懸命に消火作業に励んで行ったことから、その労役が勘案され、翌年に赦免されるに至ったのであります。そして、その後の明治４２年（１９１０年）に、既に９０歳となった彼の米寿祝が地元で催された際には、大勢の同志たちが集まったとされています。

その19　黒駒 勝蔵

３９歳没（1832・・　－　1871・・　）

42

彼は、甲斐の矢代郡上黒駒村の出身で、その幼少時には私塾へと通い、また、後には尊王攘夷運動に加わって、そのために国学的な思想の影響を受けていたとされます。そして彼はその幼少期に生家を出奔し、近隣の竹居村へと移り住んでいた際に、偶然、さる侠客と出会い、その子分となるのであります。

　一方、この頃、甲斐国にあっては祐天仙之助らが勢力を張っていて、その一方で、それに敵対する勢力は駿河の清水次郎長らと同盟を結んでいたのでありました。また、当時は米国のペリーが率いる艦隊が江戸湾に来航していて、その影響によって、地方では治安を維持するための政治体制に緩みが生じていた時代でもありました。そのために、多くの博徒衆らは、それぞれに離散と集合を繰返していて、そのような過程の中で、彼は、上黒駒村を拠点として一家を構えるようになって行き、また同時に、甲斐国以外の博徒ともその関係を深めて行ったために、彼のこの黒駒一家は、遂に甲斐を拠点とした大博徒集団となって、その勇名を関八州にまで轟かせて行く次第となったのであります。

　しかしながら後の時代に移ると、彼らのような博徒集団は、その勢力範囲の拡大を競うあまり、各地で次々と抗争を繰り返すようになって、この黒駒一家にあっても清水次郎長による襲撃を受けると言う事態となり、その子分たち多数を殺害されると言う状況にまで追い込まれてしまったのでした。また、それによって、代官所側が大規模な追跡を繰返したために、やがて彼ら博徒集の組織は壊滅的な状態となって行き、その結果、彼は進み行く時代の変化を悟るところとなり、一家を解散する次第となったのであります。

その20　　大政と小政

　　　　大政とは、山本　政五郎　　　４９歳没（1832－1881）
　　　　小政とは、吉川　冬吉　　　　３２歳没（1842－1874）

　作家の村上元三による、小説「次郎長三国志」において登場する
人物中の、主役の清水次郎長に常に付き従う大政と小政なる特異な
二人の侠客は、実はその両名ともが、実在していた人物をモデルと
して成り立っている様子なのであります。
　まず大政の方でありますが、これに相当する人物とは、天保３年
（１８３２年）生まれの原田熊蔵であると推測されています。実は
彼は元力士であり、６尺（約１８１ｃｍ）を越すほどの大男だった
ようであります。そして、もう一人の人物である小政については、
彼は天保１３年（１８４２年）生れであって、なんと、その身長は
わずか４尺８寸（１４５ｃｍ）の小男だったとされ、故に彼は大政
と対比されて小政と称されたのであります。
　さて、清水次郎長の子分である彼らは、慶応２年（１８６６年）
に生じた伊勢国の荒神山での博徒衆同士による喧嘩の現場におい
て大活躍を為したため、親分の清水次郎長から非常に可愛いがられ
ていたのであって、その親分の死後に、この大政は、親分の本姓で
ある「清水」を継ぐに至ったとされるのであります。

その21　　会津　小鉄

５１歳没（1833・7・7 － 1885・3・19）

　彼は、京都を舞台として活躍した侠客の一人であって、その本名を上坂仙吉と言い、その裏側では、その時代に京都守護職を勤めていた会津藩にあって、彼はその仲間（ちゅうげん）部屋の部屋頭であった人物の片腕たる存在だったのでありました。

　慶応２年（１８６７年）に、彼は喧嘩によって人を殺したことをもって処刑される事態に陥っていたところを、徳川慶喜公の上洛が間近と言う治安維持上の理由によって特赦となり、そのための彼の出所祝にあっては、その場には多数の子分が集結したとされるのです。そして後の彼は、その当時の京都に存在した白川村なる地域において、初めての一家を構えるに至ったのであります。

　一方、明治６年（１８８３年）に、公安当局側によって行われた博徒狩りの際に、彼は、当時、拠点としていた吉田村において城郭の如き賭場を構え、また、その翌年に行われた彼の出獄祝にあっては、多数の子分たちが集結したとされるのであります。

　しかしながら彼の勢力は、その後に一気に衰えるような状況へと転化して行き、そのために一家は離散し、また、その環境が自身の家庭生活をも崩壊させる程に困難な状況へ進んでしまい、その後に彼は行方不明となってしまったのであります。

その22　　近藤　勇

　　　　　　３３歳没（1834・11・9 － 1868・5・17）

彼は武蔵国（東京の調布界隈）の農家の三男として生れ、１６歳
の時に、天然理心流の三代目宗家でもある近藤周助の養子となった
ことで近藤姓を名乗るようになりました。この天然理心流は、派手
さはないものの、実用主義の剣術であって、彼は早くからその稽古
に励んだことで、着実に実力を付けて行ったのであります。

　さて、彼は３０歳になった時、浪士組への参加を目指して京都へ
向ったのであります。しかしながらその浪士組とは、実は、将軍の
警護を主たる目的をとしていた、尊王攘夷のための組織でもあった
ために、彼は方針を変更し、新たに壬生浪士組なる組織を結成して
行き、その組織は、後に京都守護職でもあった松平容保の支配下に
置かれることとなったのであります。いずれにしても、そのような
経緯によって発足したのが、いわゆる「新選組」なるところの武力
組織なのであって、彼は、その武力組織の中心人物である組長とし
て、後世に伝えられる如く、当時の日本の首都であった京都の治安
維持のために大活躍を為して行き、社会の治安を守る背後の存在と
して、様々な実績を残したのでありました。

その 23　土方 歳三

３３歳没（1835・5・31 － 1868・6・20）

　彼は武蔵国石田村（現在の日野市石田）の農家の生れで、１４歳
にて江戸に出た際には、行商（医薬品の訪問販売）によって日銭を
稼ぎつつ道場へと通い、剣術の修業に励んでいたとされます。

その後、自宅にて道場を開設し、子供たちの指導にあたっていた頃に、彼は偶然訪ねて来た近藤勇と出会い、それによって、二人は義兄弟の契りを結ぶ仲になったとされるのであります。

　後の文久３年（１８６３年）に、近藤勇らが興した壬生（みぶ）浪士組にあっては、近藤勇が組長、そして、彼が副長となって組織をまとめ、その中にあって、日々の細かな指図等については、副長である彼が仕切っていたとされるのであります、そして後に、その活動の広がりと共に、彼らの組織は「新選組」と称されて、そこにおける彼らの活動は、より一層政治的なる様相を強く呈するようになって行ったのであります。そして、後に生じた箱館（北海道）の五稜郭における官軍側との間の戦い（箱館戦争とも言う）において彼は幕府軍の一人として戦い、その中にあって、彼ら新選組の組織はついに壊滅状態へと陥ってしまうのであります。

　そのために、彼（土方歳三）が、いつ、どのような状況にて死去するに至ったかについては必ずしも明確では無いものの、いずれにしても、彼は、この箱館戦争の最中に戦死したものと推定されています。享年３３歳と言う早逝だったのでありました。

その24　吉良の仁吉

２８歳没（1839　－　1866）生没の詳細不明

　彼は、三州吉良（現在の愛知県西尾市吉良町）にて武士の息子として生れ、生来、腕っ節と相撲には強かったのであります。そのた

め、さる侠客の親分に匿われることになったことを契機とし、その後に清水次郎長の下で厄介になって行き、その次郎長とは兄弟盃を交すほどの仲となったのでありました。そして、彼は後に出生地へ戻った上で、吉良一家を構えるに至ったのであります。

　しかしながら、後に、清水次郎長の支援によって成り立っていたところの、伊勢の侠客の縄張りでもある伊勢荒神山を、穴太徳次郎なる侠客の者が勝手に奪い取ると言う、極めて悪質な事態が生じてしまったことから、彼はその現場へ乗り込んで行き、そして縄張りを取り戻すと言う成果を為し遂げはしたものの、遺憾ながら、彼はその際に敵側が用いた鉄砲によって撃たれ、死去してしまったのであります。享年２８歳という早逝だったのでありました。

その25　　久坂 玄瑞

２４歳没（1840　－　1864）

　長州藩士の子息として育った彼は幼くして四書を学び、また医学所や松下村塾に通って勉学に励んでいたものの、その一方で次々と家族を失って行き、そのために早くに当主となったものの、周りには誰一人として頼れる人物が居なかったのであります。

　安政６年（１８５９年）の大獄の騒動によって、藩内の中心的な指導者であった吉田松陰が刑死した後にあっては、彼は松下村塾の指導的な人物として、藩内における尊王攘夷運動の中心人物の一人として振る舞って行き、文久２年（１８６２年）には、薩摩藩及び

土佐藩の志士らとの間の謀議にも加わったために、その頃には既に
藩内の重要な役割を担う存在となっていたのであります。
　その後、彼は長州藩における歴史上の出来事、即ち江戸における
イギリス公使館の焼き討ち、そして京都での攘夷建白書の取りまと
めにも係わり、また、関門海峡を通過して行く際における外国船へ
の砲撃に関しても係わって行ったのであります。
　その一方で、後の京都における蛤御門での会津藩武隊との交戦に
おいては、薩摩藩が会津藩側に加担したために長州藩側は総崩れと
なってしまい、その戦いの中で、彼自身はその戦いの責任を悟って
自害したとされています。享年２５歳と言う、なんとも痛ましき限
りの若さでの最後だったのでありました。

その26　　法印　大五郎

７８歳没（1840　－　1919）

　彼はその本名を角田甚左衛門と言い、甲斐国八代郡（現在の山梨
県笛吹市）二之宮村の農民の子供であって、少年時には魚市場の人
足として、魚介類を各地へ配達するための人足として働き、また、
成人してからは、その恵まれた体力を活かして、駿河国の沼津港に
上った魚介類を、遠く越後方面まで運搬するような仕事にも従事し
ていたのでありました。その後、彼は、さる侠客の子分となるもの
の、生来の女癖の悪さがたたり、すぐに放逐されてしまうのであり
ます。そのため、彼は止むを得ず、山伏姿となって諸国を漫遊して

歩き、そしてそのような折に、たまたま通りかかった越前国（福井県）において高名な清水次郎長と出会い、彼との間で首尾よく兄弟の盃を交す次第となったのであります。

　一方、彼はその後に、伊勢国（現在の鈴鹿市）の荒神山にて勃発した任侠人の組織双方によるところの勢力争いにおいて、一世一代の活躍を見せて、その名を轟かすところとなるのであります。

　しかしながら、後の彼は、明治維新の後に郷里へ戻り、さる農家の養子となって角田甚左衛門と名乗り、妻を娶って、実直なる生活を送っていたとされています。そして、大正8年（1919年）に78歳にて没しました。

その27　田代　栄助

　　　　50歳没（1834・9・16 － 1885・5・17）

　彼は、武蔵国秩父郡大宮郷（現在の秩父市熊木町）にて生れ、その実家は、忍藩（おしはん）にて名主を務めていた程の家柄だったのでありました。そのために、彼は成人してから農業を営む傍らにおいて庶民らの間の「もめ事」の仲裁をしたり、困窮者の手助けをしたりしていて、その地方の大勢の人々からは、極めて信頼された公共人たる立場に置かれていたのであります。

　そのような折、維新後の新政府にあっては、富国強兵なる政策の下で度重なる増税策を進めて行ったために、農民が供出する諸物資類（特に特産品の絹糸）の価格の下落が続いて行き、彼らの生活は

著しく困窮して行ったのでありました。そして、そのような状況が
極まった時代の明治１７年（１８８４年）９月に、彼は、国民党に
よって招聘されて政治家の如く活動し、後にその責を負う形で、遂
に総理大臣候補へと祭り上げられてしまうのであります。

　そのため議論の末、彼は秩父市民による無血蜂起を決定し、その
年の１０月３１日に、それを決行するのであります。しかしながら、
当時の政府は、事態を知ってすぐにその抑制へと動き、警察隊及び
憲兵隊等を直ちに現地へ送り込んだものの、当初は苦戦の止む無き
に至り、そのため政府の側は、遂に東京鎮台から多数の兵士を送り
込んで、それによって事態の鎮圧に努めたのであります。

　その結果、１１月４日、秩父国民党は、ついに政府の力によって
鎮圧されて崩壊し、その指導部の面々は全員が警察隊によって捕縛
されてしまったのであります。そして後に最高裁判所が下した判決
によって、田代栄助ら首謀者と視られた人たちは、絞首刑に処せら
れてしまうのであります。その時、彼は享年５０歳でした。

　実は、この時代には、このような政治的な色彩による民衆の蜂起
と言う事例があちこちにて生じていたのであります。

その28　　吉田　磯吉

６８歳没（1867・6・5　－　1936・1・17）

　彼は筑前国遠賀郡芦屋村の出身で、その父は松山藩士たる家柄の
生れであり、後に脱藩によって芦屋へと移住した人物なのでありま

す。両親の死後に、姉に育てられた彼は、地元の遠賀川を利用した川船による石炭の輸送によって経済的に成功し、それによって後に芦屋鉄道の社長を勤め、また、更には政治家を目指して、１９１５年（大正４年）に衆議院議員に立候補して当選し、その後に１７年間に亘って国会議員を勤めた程の経歴の持ち主なのであります。

　一方、彼は実業家としても実績を残し、八幡製鉄所開設時の混乱した事態をとりまとめ、また、若松港の活性化などの地域開発にも貢献していて、そのため若松市内の高塔山公園には、彼を顕彰する銅像が建立されているところなのであります。

その29　　出口　王仁三郎

７６歳没（1871・8・27　－　1948・1・19）

　彼は、京都府亀岡市の出身で、幼少の頃から穏やかな性格の人物だったのであります。そして、義侠心の厚かった父親を失った頃から、彼は宗教家への道を歩み始めたのであります。

　彼は、後に新宗教の「大本」にて聖師と呼ばれ、特異な独創性と強烈なカリスマ性を備えるに至り、メディアの力を含め様々な手法を駆使して行き、昭和の前期において、その「大本」を日本有数の宗教団体へと発展させて行ったのであります。しかしながら、その一方で、彼自身は、その宗教的立場に由来するところの奔放な言動によって、これに敵対する立場にある多数の人々からは非難や中傷を浴びるところとなって行ったのであります。

そして、後に、国家神道とはおよそ相容れない教義を展開する彼の「大本」は、人々から危険な勢力であると揶揄され、同時に政府からも弾圧を受ける始末となり、彼自身は、後に７年近くに亘って身柄を拘束されると言う事態に陥ってしまうのであります。

　その後、太平洋戦争の終結によって彼は再び教団へと戻り、その復興に尽力するも、病を得て他界するのであります。しかしながら、彼が残した思想と布教の在り方については、その後の新宗教の発展に対して大きな礎石となって行ったのであります。

その30　　内田 良平

６３歳没（1874・2・11 － 1937・7・26）

　彼は、武芸の達人として世に知られた、旧福岡藩士の内田良五郎の三男であって、そのため彼自身にあっても、その幼少時から各種の武芸に親しんで来たところなのであります。

　彼は、１８歳の時の明治２５年（１８９２年）に、叔父に従って上京し、弘道館へ入門して柔道を学び始め、更に外国語学校にまで通ってロシア語を学び、それを活用することによって、明治３０年（１８９７年）に、彼は、なんとシベリア横断の旅路へと挑戦して行き、それを見事に完遂するに至ったのであります。

　その一方で、彼は平岡浩太郎（自由民権運動家）の影響を受けたことによって、日本による朝鮮及び中国への勢力拡大に対して強い関心を持つに至ったのであります。そのため、彼はある社会運動家

の支援を得て、当時の中国の実力者でもあった孫文とも知り合いとなり、互いに親交を結ぶようになるのであります。そして後の彼はさらに韓国統監府の嘱託となって、初代朝鮮統監であった伊藤博文に随行して渡韓し、韓国の要人と会って日韓合邦運動に関して盟約し、更にはその顧問となるのであります。

　このようにして、彼は、幾つもの重要な政治的役割を受け持ちつつ、日韓の併合に向って積極的に行動して行き、民間レベルの下地作りに向って邁進するのであります。しかしながら、彼はその成果が未だ道半ばと視られる時期の昭和１２年（１９３７年）に、残念ながら６３歳にて急逝してしまいました。

その31　堤 仁三郎

（生没に関しては不明）

　彼は、明治時代に、地元の大阪市西区で政治的な活動に深く関わるようになり、また、それを通じて政治結社「西浜倶楽部」の結成を主導して行き、それによって、政治的なる側面において、地元に対して大きな影響力を持つに至ったのであります。

　しかしながら、その一方で、彼は地元の侠客らとも親しく接するとの姿勢によって物事を進めて行ったために、後に生じた松島遊郭の移転計画においては、なんと金銭面での疑惑を招くと言う事態に陥ってしまい、その出来事は後に日本における政治体制のあり方にまで及び、行政に対して大きな影響を及ぼすと言う、政治的活動に

関わる立場の人物が起したところの、前代未聞ともされる金銭的な側面での疑獄事件の端緒となってしまったのであります。

　しかしながら、後の彼は、そのことの反省に立って、以後、言行一致の姿勢を堅持して行ったことによって、その後の時代にあっては、政治的な面での影響力と言うものを、より一層強く持つことが出来るようになって行ったと言う次第なのであります。

5　彼ら任侠人が目指した社会

5－1　個人主義的社会の渇望

　個人主義とは、他人を服従させようとするような、特定の人物による権威によった圧力を否定し、個々人の権利や自由を尊重しようとする立場のことであって、そのような考え方は、イギリスを初めとする西洋諸国において多々認められるところであります。そしてそもそも個人主義とは、利己主義とは相容れないものであり、そのような基本的な立ち位置によって、個人主義的な社会においては、個人の自立、私生活の保障、私見の尊重等々に対して大きな価値を

置いているのであります。

　しかしながら、この個人主義的社会は、歴史的な視点で捉えると決して一朝一石にして出来上がった訳ではないのであります。

　例えば、フランスにあっては、個人主義は民主主義を昇華させた後の王道だとする考え方が強いものの、一方、アメリカにおいては個人主義を越えた先の社会が民主主義なのだとする考え方が優先されて来たのであって、その両者における双方の捉え方においては可成りの差異があると言えるのであります。

　そして一方の日本にあっては、過去には、個人主義は国家と対立するところの、キリスト教的伝統の下で生まれた西洋の概念であるとして、その普遍性を問題視する文化人らが多々見受けられたものの、例えば、かの夏目漱石などは、自己の生き様に重きを置きたいなら、他者のそれも尊重しなければならないとして、道義的な側面から個人主義の意味合いについて説いているのであります。

　今日ではその辺りが極めて穏当な考え方だと見られ、また、それは西洋的な個人主義の考え方に近いと言えるところであります。

５－２　暴力を恐れない生き方

　ここでの暴力と言う表現においては、言葉や態度を伴って相手を威圧するような所業を前提とすることとします。その実態は、今日にあってはモラルハラスメント（以下、モラハラと略す）と称され

るところの暴力的な威圧行為に相当するものであります。

　通常、このモラハラにあっては、相手に対して恐れの心理が生じるように、声高にしつこく威圧します。何故なのかと言うと、それは、その畏怖感によって相手の心中に弱さを引き起こさせて、強要する側が求めるところの様々なる要求を、無理やり受入れさせようとするからなのであります。

　しかしながら、本来、その背後に求められるものは、あくまでも正当性の有り無しなのであって、例えば、ある事柄についての論戦であれば、その事柄に伴う正義を有する側に勝目があるのは当然であって、正義を保っている側は声高に反論する必要がなく、また、全く怯む必要がないのであります。したがって、万一、そのような場面に遭遇した場合にあっては、あえて反論せず、我慢強く事態が収束するのを待っていれば良いのであって、実は、それが任侠人における基本的な倫理観であり姿勢なのであります。

5－3　組織の確立とその大義

　何事であろうとも、通常、物事と言うのは組織の力によって動くものであります。そして、それは任侠人の世界で求められる活動においても全く同様なのであって、そのために、彼らは日頃から互いに論争を繰り返して行き、それにより組織及び活動を活性化すべく領域の拡大を図っている次第なのであります。そして、そこに求め

られているものが、統領（親分）たる人物が会得しているところの
豊かな人間性であり、その組織の統率力なのであります。

　しかしながら、その一方で、彼ら任侠人が一般社会にあってその
存在が成り立つためには、地域に溶け込んで行き、そして、そこに
害を及ぼさないよう自らを律して行くと言う、自尊心と言うものが
常に働いていなければならないのであります。

　例えば、上州（群馬県）を地盤として活躍していた、かの有名な
国定忠治は、任侠人ではあったものの、彼が意識して処して行った
先は、実を言えば、幕府の役人らによるところの横暴なる振舞いを
問い質すと言うことだったのであって、そのために、彼は自ら身命
を賭してまで役人と対峙して行ったことで、最後には無法人として
捉えられてしまい、処刑されるに至ったのであります。

　そして、この処刑は山中の公開された刑場にて行われたため、そ
の周囲には一般人が集まり、遠巻きにしてその様子を視ていたので
ありますから、彼ら民衆はさぞかし複雑な思いを懐いたに相違ない
のであります。後世、彼が義人と称され続けているのは、そのよう
な民衆側における共通した意識の顕われでもあります。

５－４　ヤクザ社会における行動理念

　ヤクザ社会にあっては、元は他人であった者同士が、所定の儀式
に則って盃を交すことで兄弟や親子となる「疑似的な血縁関係」を

重ねて行くことによって、独特の強固なる組織が形成されて行くとされていて、その根源にある倫理観及び行動原理と言う面においては、次のような事柄に関する基本的な概念というものがその根底になっているものと思われます。

① 社会的な理念

　一般社会において基本をなす理念は「親は子を慈しみ、子は親を敬う」そして「定められた社会の規律には従う」と言うことなのであります。しかしながら、ヤクザ社会における基本的な理念と言うのは「子分は親分に服従する」そして「やられたら、やり返す」と言うことが前提とされている様子であります。

② 組織内の人間的な関係

　ヤクザ社会にあっては、元々は他人であった者同士が所定の儀式に則って盃を交すことで親子や兄弟となって行くと言う、いわゆる疑似的なる血縁関係を重ねて行くことによって、その社会に特有の極めて強固な組織体系を形成して行きます。

③ 一般社会への対応

　彼らは、その組織の活性化のために、いろいろな機会を見つけて一般人社会の中に割り込み、一般人との接触を求めてきます。しかしながら、それに応じるのは危険なことなのです。例え一度の接触であってでも、彼らはそれを巧みに利用します。

④ 資金の確保策

　彼らは、日頃から、自らが行っている活動が、何らかの形で人々の公益に資しているとの認識に立っているため、彼らは一般市民に対して、折々に、そのための資金の提供を要求して来ます。しかし

ながら、それに応じるのは倫理に悖ることであります。

5－5　著書「仁義なき戦い」の反響

　作家、飯干晃一（元、新聞記者）の原作によるノンフィクション小説である、流血２０年の記録「仁義なき戦い」は、実は、第二次世界大戦後の広島県内で生じた任侠人同士の勢力争いである「広島抗争」の当事者でもあった暴力団の組長が、刑務所に服役している間に執筆したとされる、原稿用紙７００枚にも及ぶところの手記を下地として成り立っているものなのであります。

　そして、この作品をモデルとして製作された映画は、その当時の評論雑誌「キネマ旬報」が１９９９年に発表したところの「映画人が選んだ、日本映画ベスト１００」において歴代第８位に、また、後の２００９年の「ベスト映画遺産・日本映画篇」においては歴代第５位に、それぞれランクインされているものであります。

　このように、この時代にあっては、映画が描くところの任侠人が為した多種多様なる所業と言うのは、そこに明かされた因果関係や特異な顚末等において、実は、そこに虚構とも言うべき部分が多少は含まれているとは言いながら、描かれたストーリーの展開次第によっては当時の庶民の心を癒やし、また、世間の人々による関心と共感とを呼び起こして行き、そして大勢の人々から、大きな喝采を招くほどの意味があったと言うことなのであります。

そして、その一方において、映像が持つ情報媒体としての力量とは凄いものだと言うことが実感されたのであります。

5－6　任侠人の一時的な挫折

　しかしながら、彼ら任侠人たちは、その後（主に第二次世界大戦の後）、社会の表の舞台からは次第に遠ざかって行くような状況となって行ったのであります。何故なら、それは、治安維持のために設けられたところの公権力である警察組織と言うものがより一層整備されて行ったからなのであり、更には、社会秩序の維持と言う側面において、そのための種々の組織と言うものが十分に機能するようになって行ったからなのであります。

　それ故、この警察組織等々の整備によって、その時代に日本全体で２０組を超える程に定着していたところの、いわゆるヤクザ的な組織と言うものが次々と摘発されて行き、それによって、実質的に彼らはその資金源たるものを失い、そして、活動の拠点まで失ってしまうことになったのであります。従って、その様相と言うのは、表向きに観れば、実は、あたかも治安が保たれるようになったかと見誤ってしまうとろであります。

　しかしながら、実は、それは表面的なことに過ぎないと言えるのであります。何故そのように言うかと言えば、実は、組織的な暴力団と観られるものは、今日のように文化力が進んだ世の中にあって

も、相変わらず、それは依然として全国の各地における隅々にまで根強く潜在しているからなのであります。

6　治安に関わる任侠人の対応

6−1　治安の維持と公権力

　昔から治安の維持は「国家発展の基礎」とされますが、その理由は、そのことが決して容易なことでないからであります。そもそも治安の悪化は一般市民の安全を脅かすところとなり、それによって経済的な活動等が大きく阻害される一因となります。また、それは外国からの投資や観光客の増減等々にも影響して行き、更には国家の在り方において、健全なる発展が阻害されるかも知れないと言う面での潜在的な「リスク」となる恐れがあるからであります。

　従って、昔から治安の維持は国家存亡に関わる極めて重要な課題とされて、その方策は大きな政治的課題の一つなのであります。そのために、治安の維持に係る今日の取組みにおいては、先ず法的な整備に伴って、治安対策のために必要とされるところの警察組織の

整備が進められると共に、その遵守状況を見守って行くために必要とされる公権力であるところの検察組織とが共に整備されて、そのそれぞれが、定められた所定の目的に向って確実に機能して行くと言うことが求められるところなのであります。

　しかしながら、その一方において、日本においては、治安維持と言う名目に基づいたところの公権力の行使が、過去においては行き過ぎた使われ方に及んだことから、大きな社会問題にまで発展して行ったと言う歴史的な経緯がある次第なのであります。

　そして、そのような事例を探って行けば、その一つとして、例えば、先の日中戦争の時代にあって、中国大陸側にまで進出していた旧日本軍の兵士たちが、中国の一般人（特に女性）に対して過剰なる（性的）危害を加えるに至ったと言うような、悪しき実態までが引き出されてしまうところなのであります。

６－２　市民のための治安体制

その１　体感治安と言う考え方

　体感治安と言うのは、現実に、眼の前で日々展開されている市民生活の中で、人々が感覚的に、あるいは実態的に感じているところの治安状況の良し悪しのことを言っています。

　この概念を日本に持ち込んだのは、１９９４年当時に警察庁長官を務めていた城内康光氏であって、彼は、その当時における自身の

論説「ボーダーレス時代における我が国の犯罪の傾向と対策」にて
そのことの重要性を強調していて、要するに彼は、人々の心の安寧
を図るためには、いわゆる危険度から導かれるところの単なる指数
的な治安などではなく、市中の人々が直感的（あるいは主観的）に
受け止めるところの「体感的な治安」の状況によって、所定の治安
行政を進めて行くことが肝心だとしたのであります。そして、その
論理は後の行政において反映されて行ったのであります。

その2　インフラの整備

　さて、治安の維持に対しては、さまざまな具体的方法が考えられ
ます。先ずは警察や治安組織の強化が挙げられます。これによって
犯罪を未然に防ぎ、そして、その芽を早期に摘んで行くことが可能
となるのであります。一方、地域住民との連携や犯罪予防活動等の
推進も重要であります。地域の安全を共に守る意識を高めることに
よって、犯罪の抑止効果が期待されるのであります。

　そして、さらに申し上げれば、インフラの整備や防災訓練の実施
等も、治安の維持に対して欠かすことができません。それは、万一
の事態を想定して、実際に重大な災害が発生した際には、いつでも
迅速な対応が取れるようにしておくことが、その際の被害を最小限
に抑えることに繋がるからなのであります。

　このように治安の維持と言う側面は、国家の発展を促す際の基礎
となる、極めて重要な要因なのであります。そのためには、行政や
関係機関そして地域住民らは、いつでも連携することが出来るよう
に、日頃から、それに必要な取組み方を策定しておき、所定の準備

と見直しとを怠らないようにすると言う、日頃の前向きなる姿勢と言うものが求められるところであります。

その3　警察組織による監視体制

　警察官は、社会の秩序を維持する目的のために、法律で定められた範囲内において公権力を行使することができます。したがって、警察官はその公権力の範囲内において、一般市民らが危害を被ったりするような場合に、これに介入し、事態を是正するために必要とされる措置を為すことができます。しかしながら警察官は、私権に及ぶような事柄への介入はしてはならないのであります。

その4　民生委員による対応

　民生委員とは、民生委員法なる法律の定めるところにより、市長など行政の責任者の推薦によって所定の支援活動を委嘱された人を指すのであって、その民生委員たる人は、生活困窮者や障害者など支援を必要としている人に対して相談に乗ったり、あるいは必要とされる援助を行ったりすることが出来るのであります。

　従って、その民生委員の身分は特別職の公務員（非常勤）と見做されるものの、その活動自体はボランティアと見做されて、手当は支給されないのであります。ただし交通費等と言った、そのために必要とされた実費分については補填されるのであります。

　なお、その活動によって知り得た事柄に対しては、原則的に守秘義務が課せられています。一方、その任期は3年とされているものの、再任は可能とされています。

その5　暴力取締りの強化

　一般的に、日本では警察と言う公権力によって社会の治安が良好に保たれていて、しかも、近年においてはその検挙件数が減少しているとは言うものの、それでも、全国における刑法犯の検挙件数は相変わらず、年間では数十万件に及んでいて、その意味では、このような実態は、日常生活を安全に営む上で、決して無視することが出来ない社会的なリスクなのであります。

　そのような面から、治安維持のためには、社会全体が共通の意識を持って、犯罪の芽を早期に摘んで行くと言うことが、なによりも重要視されるところであります。

６－３　押し寄せる列強各国と幕府の対応

その1　ラスクマン（露）の来航

　１７８２年、伊勢の船頭の大黒屋光太夫は、江戸へと向う途中で暴風雨に遭遇し、太平洋を北へと流されてアリューシャン列島の島に漂着してしまいました。そのため彼は、後にカムチャッカ半島を越えてオホーツク海を渡り、シベリア大陸をひたすら西行したために、遂に、当時のロシアの首都であるサンクトペテルブルグへ到着したのでありました。そして彼は、そこでロシア国の女帝に謁見したことで帰国を許されて、その帰途には、ロシアの軍人ラスクマンによる道案内を得たことによって、幾多の困難を経ながらも、何と

か無事に帰国を果すことが出来たのであります。

　一方、そのラスクマンは、女帝エカチェリーナ２世からの政治的な付託を得て、そのため、後の１７９２年にわざわざ根室まで来航し、日本に対して通商の開始を求めたのであります。

その２　レザノフ（露）の来航

　ロシアの外交官である彼は、なんと５カ国語を習得していて、地方裁判所の判事を経た後に海軍省へ移籍して昇進を重ね、その後の１７９１年に、彼は遂に官房長へ就任するのであります。そして後の彼は遣日使節となって、ロシア皇帝の親書を携え、南米マゼラン海峡越え航路に従ってハワイを経由し、１８０４年（文化元年）に長崎の出島へと来航するのであります。

　しかしながら、当時の日本と言うのは、老中であった松平定信の失脚によって外交能力を失していたので、そのために、レザノフは当時、半年以上にも及んで政治的なる交渉を止め置かれてしまったのであります。そのため、その後の彼は、アラスカでの経営問題に特化して関与することになったのであります。

その３　ゴローニン（露）事件

　ロシア帝国海軍の軍艦ディアナ号の艦長ゴローニンは、文化８年（１８１１年）６月、国後島（北海道の東隣）において松前奉行所配下の役人によって捕縛され、その後、２年３カ月に亘って日本に拘留されるところとなったのであります。その理由とされた事由とは、彼による領海の侵犯なのでありました。

その当時のロシアは、自領のカムチャッカ半島を拠点とし、千島列島の西側にまで及ぶ広大な領域において漁労を行っていたものの、それに関わる日本とロシアの間にあっては、実は、領海の捉え方において明らかな相違があったのであります。

　ところが、その翌年、散歩が許されるようになった頃、彼は遂に脱獄してしまい、小舟を奪って逃走したのであります。また、その後にも、更に6人の者が一斉に脱走したものの、その彼らは、後に疲労困憊となっているところを村人らに発見されてしまい、改めて入牢させられたのであります。なお、その間におけるロシア人らの意見聴取においては、ロシア語を解することができた唯一の日本人である、探検家の間宮林蔵が関与していたのであります。

その4　モリソン号（米）事件

　天保8年（1837年）7月30日、アメリカのオリファント商会（支援したのは小田原藩と川越藩）が所有する帆船の「モリソン号」を、イギリスの軍艦と勘違いしてしまった薩摩藩及び浦賀奉行所は、鹿児島湾そして江戸湾のそれぞれにおいて、異国船打払令に基づいた砲撃を加えてしまったのであります。

　しかしながら、このモリソン号には、実は、マカオで保護された日本人の漂流民が7人も乗船していて、同船はその漂流民の送還のために来航したことが判明したため、この事態の背景となった異国船打ち払い令に対しては、大きな批判が生じたのであります。

その5　ペリー（米）の来航

嘉永6年（1853年）6月3日、アメリカ合衆国の海軍総督の
マシュー・ペリーが率いる東インド艦隊によるところの蒸気船2隻
を含む艦船4隻が、突然、江戸湾へ来航して浦賀沖に停泊し、その
乗組員の一部が、測量のために、小舟に乗って江戸湾の奥深くまで
進入して来たのであります。

　そのために当時の江戸幕府は、止むを得ず、この艦隊を久里浜沖
へと誘導し、そこで乗組員たちの上陸を認めたのであります。

　そして、後に、ペリーによる徳川幕府将軍への謁見が認められた
ために、彼が所持して来たところの、アメリカ合衆国大統領による
国書は、無事、江戸幕府の将軍へと渡されたのであります。

　そして、この異例なる出来事は、やがて日本の封建的な政治体制
を大きく揺さぶることとなって行き、その後に、江戸幕府第15代
将軍の徳川慶喜公による大政奉還（慶応3年）と言う、画期的なる
国政の転換へと進むことになったのであります。

その6　プチャーチン（露）の来航

　アメリカがペリー艦隊を日本へ派遣したとの情報を得た、当時の
ロシア政府は、その後、プチャーチン提督を隊長として、軍艦4隻
から成る使節団を日本へ派遣して来たのであります。そのロシアの
目的は、主に、樺太及び千島列島における国境の確定と通商条約の
締結と言う、政治的な課題への取組みにあったのです。

　プチャーチン艦隊による長崎への到着は、実は先のペリー艦隊が
浦賀へ来訪した、およそ1カ月後のことだったのでありました。

　そして、提督は長崎奉行に対して国書を手渡し、また、徳川幕府

側の派遣団との間で度重なる交渉を行いはしたものの、双方の主張は簡単にはかみ合わず、また、その一方にあっては、クリミヤ戦争等々のロシア側での国内的な事情にも左右されてしまい、その外交交渉は容易にはまとまらなかったのであります。

その結果、そこで行われた外交交渉は止むを得ず中断され、彼らは長崎を退去せざるを得なかったのであります。

6－4　市民に対する治安の維持

そもそも治安とは、社会の秩序を常に良好な状態に維持することであります。そして、この治安の維持を担う組織は、法律によって警察とされていて、その警察組織は、明治時代から第二次世界大戦の時期までは内務省と各都道府県の知事とによって管理運営され、その後の昭和２２年に警察法が制定されたことによって、それ以降にあっては各都道府県知事の所掌とされるに至りました。それ故に警察とは、即ち、治安の維持を主たる目的として地域ごとに設けられたところの、独立した行政組織なのであります。

しかしながら、現実的には、警察組織に依存すると言うことには自ずから限界と言うものがあります。そのために、より一層重要な防御策となり得るのは、実は、いわゆる暴力団的なる組織がそこに根付いてしまわないよう、その地域の健全性そのものを高めて行くと言う事が大事な要因となるのであります。そして、その基盤とな

るのが、そこに暮らしている大勢の市民たちによるところの、このような治安問題に対する関心の高さなのであります。

６－５　幕末時に起きた外国人等襲撃事件

その１　駐日領事ハリス襲撃未遂事件（１８５７年）

　米国の初代駐日領事に任命された外交官のタウンゼント・ハリスは、安政３年（１８５７年）７月２１日に下田へ到着し、その地の王泉寺において領事館を構えたのであります。

　ハリスは、米国大統領の親書の提出のため江戸への出府を望んだものの、幕府内にあっては、水戸藩主の徳川斉昭ら攘夷論者ら多くの人物が反対したために、江戸への出府は留保されてしまったのであります。しかしながら、ハリスは、翌年の安政４年１０月に自ら望んで出府し、１０月２１日（１８５７年１２月７日）に、将軍の徳川家定への謁見を無事に果したのであります。

　そして、この動きに憤慨した水戸浪士の堀江・蓮田そして信田の３名はハリスへの襲撃を企てたものの、結局のところ、その目的を果すことは出来なかったのであります。そして後日、彼らは自訴したため、獄に監禁されることとなったのであります。

その２　ロシア海軍兵士殺害事件（１８５９年）

　東シベリア総督のニコライ・ムラビヨフは、安政６年（１８５９

年）７月２０日に７隻の艦隊を率いて江戸湾へと来航し、日露間における国境策定の交渉を開始したのであります。

　ところが、その数日後の７月２７日になって、海軍少尉なる人物と水兵らが、横浜の波止場近くにおいて数人の武装した日本人たちから襲われると言う事態が生じてしまったのでありました。そして後に、その実行犯が水戸藩の天狗党浪士として敦賀藩において幽閉されていた内の人物であることを自供したために、その後、彼らは磔刑に処せられてしまったのであります。

その３　ヒュースケン殺害事件（１８６１年）

　通訳であるヒュースケンは、アメリカの外交官であって駐日領事でもあるタウンゼント・ハリスの下にて働く、日本との間における外交交渉の窓口役たる有能な人物だったのでありました。

　しかしながら、１８６１年（万延元年）１月１４日、彼は自身の宿舎である麻布の善福寺へ戻る途中において、２,３人の薩摩藩士らによって襲われて落命してしまうのであります。

その４　第１次東禅寺事件（１８６１年）

　１８６１年（文久元年）５月２８日、水戸藩を脱藩した尊攘派の志士らは、高輪のイギリス公使館の東禅寺に侵入した上で、オールコック公使らを襲撃しました。公使は危うく難を逃れたものの、しかし一緒にいた書記官ら２人が負傷してしまったのであります。

　一方、この狼藉を働いた者たちは程なく捕えられ、また、逃走した者も切腹して果てたり、捕えられたりしたのであります。そして

この一件は、オールコック公使側からの幕府に対する抗議によって
イギリス水兵の駐屯や日本人警備兵の配備、そして賠償金１万ドル
の支払いと言う条件によって決着をみたのであります。

　また、イギリス側においては、それ以後、同国の軍艦が横浜港へ
常駐するところとなったのであります。

その５　生麦事件と薩英戦争（１８６２〜１８６３年）

　若くして薩摩藩主となった島津茂久の実父で、実質的な藩政指導
者でもあった島津久光（４４歳）は、文久２年（１８６２年）８月
２１日（新暦の９月１４日）、その軍勢４００人余りを率いて江戸
から引き上げて行き、その日の八つ時（午後２時頃）、その行列が
神奈川の生麦村へと差し掛かった際に、偶然、騎馬姿の外国人４人
と出会ってしまったのであります。

　彼らはイギリス人で、生糸商人の夫とその妻及び友人たちであり
ました。その何れもが横浜に在住していて、当日は天気が良かった
ために、皆、乗馬を楽しんでいたのであります。ところが、彼らは
次第に行列に突っ込む状況となってしまったため、しばらく躊躇し
た状況に置かれていたところ、突然、供廻りの藩士数人が抜刀して
彼らに斬りかかってしまったのであります。そして、その４人のう
ち１人は深手を負って動けなくなったものの、他の３人はいずれも
懸命に逃げ帰り、その上で居留地の住人に対して救援を求め、また、
たまたま、そこに居合わせたところのヘボン博士（医師）によって
それぞれ手当を受けることとなったのであります。

　一方、島津久光らの一行はこの事件の発生を直ちに神奈川奉行所

に届け出ていて、その際に薩摩藩の側にあっては、自分たちに非は
ない旨を申し出ているのであります。

　しかしながら、事件はその後に思わぬ方向へと飛び火し、更なる
因果関係を生む事態となったのであります。翌年の７月２日、この
薩摩藩は、イギリスの軍艦７隻によって報復攻撃を受けるところと
なり、城下一帯において、町家の一割もが消失すると言う重大なる
被害を生み、また、その一方で砲台や弾薬庫等を損壊してしまうと
言う、まことに由々しき事態となってしまったのであります。

　そして、この事件は後に薩英戦争と命名され、その因果な出来事
を庶民らは内心で冷笑していたとされるのであります。

その６　第２次長州征討（１８６６年）

　これは、英仏米蘭の４カ国から成る連合艦隊による第一次長州征
討（１８６４年）に続き、その２年後の慶応２年に生じた、長州藩
と幕府との間における争乱のことであります。

　この争乱で、幕府側にあっては１５万人もの兵士からなる軍隊を
差し向けたものの、一方の長州藩にあっては、わずか７千人と言う
小数の兵力でありながら、最初の小倉口での戦いにおいて幕府軍は
あっさりと敗北し、また、それに続く石川口や大島口、そして芸州
口と言ったそれぞれの戦いにおいても幕府軍側が次々と敗北する
に至り、その一方で、その当時の幕府軍の総大将でもあった、将軍
の徳川家茂が大坂城において病死してしまったことから、幕府軍に
おける戦力は一気に衰えて行くところとなって、その結果、混乱に
至った幕府軍の側は、急拠、長州藩との間において講和（和議）を

取り交わすことによって終戦に至らしめたのであります。

　そして、この由々しき事態は、その後において徳川幕府の終焉を
もたらす端緒となって行ったのであります。

その7　神戸三の宮事件（１８６８年）

　この事件は慶応４年２月４日に生じたもので、神戸・三の宮神社
前において、備前藩（岡山）の兵士が、彼らの隊列を横切って行っ
たフランス人の水兵らに対して抜刀し、彼らを負傷させてしまった
ことで銃撃戦へと発展して行き、それによって、外国人居留のため
の予定地を見聞中であった欧米諸国の公使たちに対しても、同様に
射撃を加えるに至ってしまったと言うものであります。

　そして、この事態によって、一時、外国軍が神戸の中心地を占拠
すると言う事態にまで広がって行くなど、大きな社会的問題にまで
惹起したことにより、その問題を起した部隊の統率者がその責任を
取るかたちで、公然と切腹するに至ったのであります。

　また、その一方において、これらの事件を契機として、いわゆる
堺事件（堺港にて生じた、土佐藩士によるフランス人水兵殺傷事件）
が引き起こされたりしたこと等もあって、そのために、この時代に
あっては、結果的に外国人によるところの日本人のイメージと言う
のは著しく損なわれて行き、また同時に、同じ日本人同士でありな
がら、一般の民衆たちからも厳しい批判を浴びざるを得ないと言う
ような、誠に情けない始末となって行ったのであります。

６－６　後に生じた主要な公安事件

その１　五・一五事件（１９３２年）

　これは昭和７年５月１５日に生じたところの、一種のクーデター事件であります。事件は、ある宗教家（日蓮宗）によって引き起こされたものであって、その標的とされたのは、その当時の総理大臣であった犬養首相だったのでありました。首相はピストルで撃たれて、即死ではなかったものの、当日の夜半に死去しました。

　事件を起した人物は、当時、日本を含む列強国によって進められていた、ロンドン海軍軍縮条約の締結に対して不満を持っていたことが、この事件の引き金になっていたとされます。

その２　二・二六事件（１９３６年）

　これは、昭和１１年２月２６日に生じたところのクーデター事件であります。皇道派（天皇の親政によって国家の改造を目指す者たちの集団）の影響を受けた陸軍の青年将校らが、１４００名以上の下士官らを率いて蜂起し、政府の要人を襲撃すると共に、永田町や霞が関一帯を占拠したものの、結局、下士官らは彼らを原隊へ帰還させた上で、自決した者を除く、首謀者らが投降したことによって、事態は一気に決着したのでありました。

　一方、その責任をとるかたちで、当時の内閣が総辞職したことによって、直ちに新たな内閣が組閣されて行ったのであります。

その3　首相官邸デモ事件（１９４６年）

　昭和２１年１２月２０日、皇居前広場において開催された「朝鮮人生活権擁護全国大会」にあっては、およそ１万人もの朝鮮人たちがこれに結集していました。そして集会は午後１時頃には終了し、その後にはプラカードを掲げたデモ行進へと進んで行き、午後２時の頃に首相官邸前へと差しかかると、突然、警察官側の制止を無視して、デモ隊が首相官邸の正門前へと殺到したことによって、警察隊との間において、延々と揉み合いを続けるような無様なる情況となってしまったのであります。

　その結果、事態はついにアメリカ軍の憲兵隊までが出動するような状況へと展開されて行き、それによって混乱自体は終息したとは言うものの、しかしながら、多数の警察官が負傷するような状況へと至ってしまったのであります。そして、当該全国大会を開催した側にあっては、後に、委員長ら１０名ほどの幹部たちが逮捕されると言うような事態へと至ったのであります。

その4　下関の争乱（１９４９年）

　大韓民国政府は、昭和２４年から、国外に居住する同胞を対象として「在外国民登録」を開始したのであります。そして、このことを発端として生じたところの、韓国人同士による衝突事件が、先ず、山口県小野田市において始まり、それを端緒とした同じ騒動の流れが次に下関へと移って行ったのであります。

　下関においては、同年の８月１９日の１１時頃、およそ１５０人の在日朝鮮人が結集し集会を開いた後に、その日に警備を担当して

いた朝連（在日朝鮮人連盟）の構成員と民団の構成員との間において乱闘騒ぎが生じて行き、その際に民団側が所持していた日本刀によって、朝連側において負傷者が発生してしまったのであります。そのために朝連側は、その翌日、構成員２００人を招集して反撃に出て、民団構成員の自宅を襲撃し金品を略奪するなどの狼藉を働くなどしたために、その鎮圧においては、当該地域の警察が総動員されて行き、それによって、ようやく事態の収束が図られるに至ったと言う次第なのであります。

7　日本の思い上った大国主義

7－1　日清戦争に関する記憶

　日清戦争とは、明治２７年（１８９４年）７月２５日から翌年の４月１７日に亘り、日本と清国（中国における当時の国名）との間で行われた戦争のことであります。その当時の清国にあっては重税に苦しむ人々が多く、そのために宗教結社等による介入を許し、それによって国内にあっては社会がより一層乱れて、治安が悪化した

状況に置かれていたのであります。

　このような中国内における乱れに対し、当時の日本は、この清国に対して改革案を提示したものの、当時の清国政府はそれを拒絶したのであります。そのために日本政府は、中国の国内におけるこのような混乱状態を抑制すべく、単独による決行を内外に宣言した上で、日本の側から８０００名に及ぶところの駐留部隊を中国の本土へ派遣して行ったのであります。しかしながら、そのことは中国側の態度をより一層硬化させることにしかならず、そのため、中国軍との間の摩擦を予知した日本側においては、８月１日に遂に清国に対して宣戦を布告するに至ったのであります。

　この戦争において、日本軍は主に朝鮮半島と遼東半島そして黄海において交戦して行き、その結果、後の明治２８年（１８９５年）４月１７日に行われた日清講和条約（別名、下関条約）にあっては清国（中国のこと）から台湾及び遼東半島が割譲され、更には巨額の賠償金が支払われることになったのであります。しかしながら、その後に、フランス・ドイツ・ロシアの３国による政治的な干渉が行われたことよって、その結果、日本は遼東半島については手放すこととなりました。

７－２　　日露戦争に関する記憶

　日露戦争とは、明治３７年（１９０４年）、２月６日から翌年の

９月５日にかけて、日本とロシア帝国（その当時の国名）との間において行われたところの戦争のことであります。

　この戦争は、先の三国干渉（日清戦争後の下関条約により、一度は日本に割譲されたところの遼東半島を、１８９５年に、フランス・ドイツ・ロシアの三国が、清国の側へ返還することを要求した政治的な介入）の後における、満州（中国東北部の略称）と朝鮮半島の支配権を巡るところの、日本とロシアとの間の意見の相違が原因となって引き起こされたものであって、その当時における日本政府はあくまでもロシアに勝利して、同国に係わる政治的な面の支配権を奪取することを狙っていたのであります。

　この戦争において、日本は全体としては苦戦しながらも、陸軍にあっては奉天（現在の瀋陽）において勝利を収め、そして、一方の海軍にあっては、ロシア軍のバルチック艦隊を撃破して行ったのであります。しかしながら、日本の側では兵力・物資ともに損耗して行く中にあって、その一方のロシア側においても専制政治に抗する勢力による革命運動が生じてしまったことで、戦争の当事者であるところの日本とロシアにあっては、その両国ともに、次第に戦争を継続して行くことが困難な状況に陥って行ったのであります。その結果、１９０５年（明治３８年）のアメリカのルーズベルト大統領による仲介によって、アメリカの東海岸北部の都市のポーツマスにおいて講和会議が開かれ、その場で講和条約（ポーツマス条約）が締結されるに至ったのであります。そして日本は満州における権益の確保と、韓国に対する勢力圏化と言う極めて政治的な成果を獲得したのであります。

７－３　第一次世界大戦の実態

　この戦争は、１９１４年（大正３年）７月２８日から１９１８年（大正７年）１１月１１日にかけて、英・仏・日・露・米の連合国側と、ドイツ・オースリリア・ハンガリー・ブルガリアの中央同盟国側との間で行われたところの、初の世界的な規模での戦争だったのでありました。

　この戦争に対しては各国から合計７０００万人以上もの軍人が動員され、しかも技術革新によるところの戦力増強によって、被害を受けた側での死亡率は大幅に増大して行き、戦闘員で９００万人以上、そして非戦闘員にあっては７００万人以上の人々が死亡したとされる、これまでの歴史上において最多とされる死亡者を生んだところの、実に由々しき戦争だったのでありました。

　しかしながら、その一方において、この戦争がヨーロッパの領域にて行われたものであったため、実は、当該地域内の各国においては物資の輸出入に対して大きな障害が生じてしまい、そのために、その穴を埋めて行ったのが、実は日本だったのでありました。したがって、その当時の日本にあっては特に重化学工業製品等に関する海外からの需要（いわゆる戦争特需）が急増して行ったため、相対的に、日本にあっては好景気に湧いたのであります。

8 敗戦国としての反省と復興

8-1 第2次世界大戦の実態

その1 太平洋戦争による惨劇

　太平洋戦争とは、１９４１年（昭和１６年）から１９４５年（昭和２０年）にかけて行われた第２次世界大戦における、日本的なる局面に沿った呼称であります。この戦争の開始は１９４１年（昭和１６年）１２月８日のことで、日本軍にあっては、ハワイにおける真珠湾への攻撃と共に、マレー半島の東沖海戦とによって開始されて行ったと言う「いわく付き」の戦争であります。

　そもそも、この戦争において敵対する側の戦力の主体はアメリカ海軍なのであって、その航空母艦と夥しい数の戦闘機とを主体とした圧倒的な戦力に対し、日本の本土から飛来して行く脆弱な単発機による攻撃が適う筈もなく、いずれにしても、いくら攻撃を加えても、それは次々と打ち落とされるに過ぎなかったのであります。

　そして、その後にあっては、以下のように展開されて行くことになって、やがて敗戦へと至るのであります。

・１９４２年　６月　ミッドウェー海戦にて敗北
・１９４３年　２月　ガダルカナル島撤退の開始
・１９４３年　５月　アッツ島での日本軍の全滅
・１９４４年　７月　サイパン島の陥落

・１９４４年１０月　レイテ沖海戦での敗北
・１９４５年　３月　硫黄島での日本守備隊の全滅
・　〃　　　３月　米軍が沖縄の慶良間列島へ上陸
・　〃　　　８月　６日に広島へ原爆が投下される
・　〃　　　８月　９日に長崎へ原爆が投下される
・　〃　　　８月　１４日にポツダム宣言を受諾
・　〃　　　８月　１５日に天皇による終戦の玉音放送
・　〃　　　９月　２日に軍艦ミズリー号にて降伏文書の署名

その２　原爆による甚大なる被災

　第２次世界大戦時の終末期においては、アメリカ軍による原爆の投下によって、標的とされた都市の広島及び長崎においては、爆風と熱線の直射を受けてしまった、爆心地からおよそ１.２ｋｍ以内の範囲にあっては、その多くの人々が死亡してしまいました。また、それ以遠の場所であっても、後の調査によって、原爆による放射線に曝されたことよって、市街地及び近隣に居住する多くの人々の間には、造血機能の障害等々と言った極めて深刻な障害が生じていることが明らかにされるに至ったのであります。

　しかしながら、放射線の被曝によるこのような慢性的障害と言うのは、実は、他の原因による身体的な障害との間における疫学的な仕分けと言うことが必ずしも容易ではなく、また、その治療方法においても難しい面が多いとされるのであって、その治癒には相当の困難が伴い、そのために多くの人々がその後遺症によって後々まで苦しんで来たところなのであります。

その3　ポツダム宣言の受諾

　ポツダム宣言とは、第2次世界大戦後の1945年（昭和20年）
7月26日に出された、イギリス・アメリカ及び中国の政府首脳に
よるところの「日本への降伏要求の最終宣言」のことであります。
日本政府は、これを1945年8月14日に受諾し、後の9月2日
に、この降伏文書への調印を行ったため、それは即時に発効するに
至り、それによって、第2次世界大戦（別名、太平洋戦争）は遂に
終結することになったのであります。

8－2　敗戦国日本の復興

その1　経済資本の民主化と農政改革

　第2次世界大戦の終結後、敗戦国となった日本は、戦勝国である
アメリカの指導を得て独占禁止法等の法的な整備を行い、その下に
おいて、行き過ぎた資本主義の結末であるところの大手財閥の解体
そして農地改革を断行するに至り、それによって、以降には、自由
な競争によって成り立つところの正常な産業構造の構築を積極的
に進めて行ったのであります。

　また、その一方にあっては、零細農民らの自立を促す目的のため
に、1945年に農地調整法の改定が行われたり「自作農創設特別
措置法」が制定されたりして、食料生産のための基盤となっている
農政の改革が行われたのであります。

その2　国土の再開発による問題

　戦後（第2次世界大戦の終結後）の日本は、経済力の増強を果す
と言う目的の下に各地にて盛んに地域開発が行われ、それに伴って
都市化が進められたのでありました。したがって、そのことは当然
の如くに消費経済の活性化をもたらしたと同時に、人口の集中をも
招いたのでありました。

　ところで、そもそも地域開発と言うのは、そのこと自体が日本の
経済力を支える一助となっている方策ですから、それを直ちに批判
する次第ではありませんが、しかしながら、これまでの地域開発の
実態においては、それが大局的な視点に立った、的確に誘導すべき
地域的政策と言うものに裏付けされた開発であったのかどうかと
言う面では、それが疑われざるを得ないような開発事例と言うもの
が多々あったと言うことも事実だと思うのであります。

その3　経済資本再構築の実態

　敗戦国である日本は、その一方において、アメリカを始めとする
国際社会からの支援を受けつつ、自助努力の精神に基づいて、戦禍
にて疲弊してしまった国勢の再建に向って懸命なる努力を傾けて
行ったのでありました。そして、その復興を支えたところの大きな
力となったのが、アメリカを主体とした金融組織のガリオラ（占領
地域救済基金）と、エロア（占領地域経済復興基金）と言う、二つ
の経済協力機構の存在によって成り立つところの国際的な融資金
の存在だったのであります。

　結局、これらの経済支援によって、日本に対しては合計で１８億

ドル（１２兆円相当、ただし１３億ドル分については無償）が供与されたために、国内にあっては、その資金が、昭和３０年代以降において、鉄道・電力・電気通信・海運・石油産業そして幹線道路の整備等々と言った、国内における各種のインフラを復興させて行くための原資となって行き、また、そのような対応が、今日の日本の活力を生み出す根源となって行ったのであります。

８－３　戦後における日米関係の変化

　日本は、第２次世界大戦後の混乱した時期を経て、１９５１年（昭和２６年）９月８日の、サンフランシスコにて行われた平和条約の調印式において不戦を誓って平和条約に調印し、それにより、ようやく恒久的に平和な環境と言うものを得たことによって、特に産業基盤の確立に沿うところの、自立経済のための下地の整備が急速に進んで行ったのでありました。

　そのために、やがてアメリカから、日本は極東における自由主義の砦（とりで）の国と位置付けがされるようになって行き、それによって、ようやく、アメリカを中心とする世界的な安全保障体制を支える西側諸国々の主要国となって行ったのであります。

８－４　領土問題に関する対応

その1　樺太の問題

　樺太（からふと、ロシア名はサハリン）にあっては、その近代化が進む以前から先住民が居住していた、そのような現地状況の中にあって、先の時代には多くの日本人が入植して行き、そして、日本の領土たるその南側の地域にあっては、豊富な天然の森林資源等を活用すべく製紙工場等々が進出して行き、程なくして鉄道が敷設されて、都市が形成されるに至ったのであります。そのために一気に人口が増えて行き、その最盛期にあっては最大４０万人もの人々が居住していたとされ、また、それに伴って学校や病院そして各種の商業施設等々が設置されて行くなどと、都市機能の面などが次々と整備されて行ったのであります。

　しかしながら、その後の第二次世界大戦（別名、太平洋戦争）において日本が敗戦したことによって、結局、樺太は改めてロシアの領土とされることになったのであります。

その2　北方領土の帰属問題

　北海道の北東に位置する歯舞群島・色丹島・国後島そして択捉島のことを北方領土（または北方四島）と言います。しかしながら、これらの島々は、第二次世界大戦の末期に、日本がポツダム宣言を受諾し降伏を表明した後にロシア軍が侵入し、日本人を追い出した後の現在に至っても不法占拠を続けているのであります。

　しかしながら１９５６年に日ソ共同宣言が成立し、それによって両国の国交が回復して既に６０年以上もの歳月が経過した現在にあっては、その間に、日露間における最大の懸案であった北方領土

の問題が解決されて、そして両国の間で平和条約までが締結された今日にあっては、残る課題と言うのはただ一つ、それは北方四島の帰属に関する問題に真正面から立ち向い、それを速やかに解決して行くと言うことなのであります。

その３　竹島の問題

　日本海の北西部に位置する竹島は、元来、日本固有の領土であるものの、現在は韓国が不法に占拠していると言う状況に置かれていて、現状のその位置づけは、日本と韓国とがお互いに自国領であることを主張しあっているに過ぎない状況に置かれているのであります。そのため日本の側では、この問題を国際司法裁判所に提訴して、平和的に解決する方法を探って来たところであります。しかしながら、一方の韓国にあってはその提案を拒否し、いたずらに自国の主張を繰り返すばかりなのであります。

その４　尖閣諸島の問題

　宮古島の西域に位置する尖閣諸島は石垣島の北西約１７０Ｋｍの位置にあって、沖縄県が所轄する日本固有の領土であります。

　従って、その帰属問題にあっては、日本は中国に対し、これまで国際社会における法と秩序とをもって対応することを求めて来たのであります。しかしながら中国は、これまで独自の歴史的解釈に基づいた一方的な主張を繰り返すのみであって、現在に至るまでにこの問題を積極的に解決しようとする姿勢は何ら示されていない状況にあります。

9　その後の時代における治安体制

9－1　新たな治安維持体制の発足

その1　治安維持体制発足の経緯

　そもそも、日本における治安維持のための法的な側面での体制にあっては、その最初は、１９２５年（大正１４年）に制定されたところの「治安維持法」に依拠しているところなのであります。

　この治安維持法とは、国体（皇室の存在）及び私有財産制を否定するような活動を取り締まることを目的として制定されたところの極めて特異な内容の法律なのであって、その後１９２８年（昭和３年）６月２９日に生じた緊急勅令によって若干の修正が加えられた後にあっても、１９４１年（昭和１６年）に至り、更に全面的な改正が行われるところとなったのであります。

　しかしながら、第二次世界大戦の後の１９４５年（昭和２０年）１０月１５日に為されたGHQ（連合国軍最高司令官総司令部）による、人権尊重を含みとする指令を受けたことによって、結局、この法律の施行は、この時点では為されなかったのであります。

その2　日本における治安維持体制の骨格

　１９４１年（昭和１６年）に行われた日本の治安維持法の改正においては、その成果を上げるために、主に次のような事柄について法の体系に関わる改正が行われました。

① 結社に対する規制の強化

　　暴力団のような結社（その準備組織を含む）及び、その種の団体における実質的な活動を禁止すること。

② 刑事訴訟手続きの簡素化

　　それまで、刑事訴訟法によるとされていた刑事事件の手続きについて、簡便なる手法を導入すること。

③ 再犯予防拘禁制度の導入

　　再犯の可能性が大きい者に対しては、その者を、新たに開設する予防拘禁所において収容できること。

④ 検挙適用対象範囲の拡大

　　治安維持に係わる適用対象範囲を拡大して、宗教団体の活動等々に対しても摘発を可能とすること。

９－２　その後の治安維持活動の拡充

　治安の維持に大きな精力を注ぎ込んできた日本は、現在、国内において、仮に警察力を越える恐れがある程の重大な治安事件が生じたような場合にあっては、内閣総理大臣または都道府県知事が命ずるところによって自衛隊に対して緊急出動を要請し、そして、その組織が所有するところの武器を使用させることができます。

　過去において、このような状況にまで拡大してしまった重大なる事態としては、例えば東大安田講堂を舞台とした安保闘争や、浅間山荘事件及びオウム真理教事件等々と、比較的近年に生じ、しかも

今でもその記憶がよみがえる程に衝撃が大きかった幾つかの事件の存在が、我々にあっては記憶に新しいところであります。

　しかしながらその反面では、社会の安寧を揺るがすところの強盗や特殊詐欺そして闇バイト等々と言った刑法犯罪上の面での認知件数にあっては、全国の合計（２０２４年上半期分）では約３３万件にも上っていて、しかもその様相と言うのは、近年では常に前年を上回る勢いにて増加を続けているのであります。

９－３　昭和時代に右翼が引き起した事件

その１　社会党代議士殺人未遂事件

　これは昭和３５年６月に生じたもので、遊説中であった河上丈太郎社会党顧問が、近づいて来た暴漢によってナイフで切りつけられて、全治３週間の傷害を受けたと言う事件であります。

その２　首相襲撃事件

　これは昭和３５年７月に生じたもので、総理官邸において、当時の岸首相（自民党総裁）が、忍び込んで来た暴漢によってナイフで切りつけられてしまい、それにより左臀部に６か所にも及ぶ傷害を受けるに至ったと言う事件であります。

その３　社会党委員長襲撃殺害事件

これは昭和３５年１０月に生じたもので、東京・日比谷公会堂にて開催された３党の党首立会演説会において、演説中であった浅沼稲次郎社会党委員長が、短刀を持って襲って来た右翼思想の１７歳の人物によって殺害されてしまったと言う事件であります。

その４　雑誌社社長宅襲撃事件

　これは昭和３６年２月に生じたもので、天皇陛下を誹謗する記事を雑誌に掲載したとして、当該雑誌を出版した中央公論社の社長の妻及び家政婦が殺傷されたと言う不埒な事件であります。

その５　共産党委員長襲撃事件

　これは昭和４８年５月に生じたもので、その当時、積極的に地方を遊説中であったところの日本共産党の宮本委員長に対して、刺身包丁を隠し持っていた人物が襲撃したと言う事件であります。

９－４　今日の治安維持体制の問題点

その１　治安事件の発生状況

　近年、いわゆる刑法犯罪における認知件数と言うのは、平成８年の頃から急激に増加へと転じていて、平成１０年度には２０万件を越え、平成１４年までの延べ７年間に亘って連続的に増加を続けて来たところなのであります。

しかしながら、平成１５年以降にあっては急激に減少へと転じていて、ようやく、今までの治安対策の成果を実感することができると言う状況にまで正常化されて来たところなのであります。

その２　近年における治安対策
　近年、治安対策として実施されている主な施策とは、およそ次のような内容を有するものであります。
① 犯罪等対策室の設置
　　警視庁にあっては、平成１４年に「街頭犯罪等抑止総合対策室」を設け、それを拠点として、各都道府県に対して、その効果的な実行を促しているところであります。
② 実状に合わせた対策の実行
　　近年における治安事件の傾向は、路上強盗、ひったくり、そして宅内侵入などとされている実情なので、その対策については、それぞれの地域の実情に合わせて、より一層効果が上がるような工夫をして頂いているところであります。

その３　海外勢力による事件関与への不安
　例えば、過去に、国内において重大なる公安事件を引き起こしていた日本赤軍派のメンバーたちは、現在、国内でこそ、目に見えた活動は行っていないと観られるものの、その組織は国外に逃亡中のメンバーを中心として、今でも維持されていると推測されるのであります。そのため、彼らによる事件発生の恐れと言うのは、現在にあっても途絶えた訳ではないと考えられるのであります。

9－5　治安維持に関わる外国の関与

その1　幕末以前における海外勢力の関与

　日本は、幕末以前においては、鎖国政策によって公的使節以外の外国人の入国を全て禁じていたのであります。そのため、その時代に日本に立ち入った外国人（漂流者を除く）とは、箱館及び長崎と言った、その当時の開港地において、所定の入国手続きを経て入国した人物の他にはいないと言うのが建前となっています。

　しかしながら、現実には、北方からの漂流民であったり、沖合において行われた密貿易を介して立ち入ったような入国者と言うのがそれなりにいたのは確かであって、いずれにしても、それは悪しからず、結果として、日本における文明開化の端緒を支えた人々の一員でもあったのだろうと思うのであります。

その2　明治維新後における海外文化の導入

　一方、日本人は、明治の開国以降、在外公館や当時の外国人居留地における人的な交流を経て、語学や国際法、通信技術や交通体系そして土木技術や工業技術などと、多くの知識や文化的システムの在り方について学ぶところとなったのであります。また、そのために、一方では、海外におけるその実態を自ら把握したいとの野望を懐くところとなって、その後には、アメリカそしてヨーロッパ諸国の視察までが行われるに至ったのであります。

　このようにして、文明開化直後の明治の時代にあって、日本人は

先ず海外へと出掛けてその文化的な先見性を直に学び取って来ると言うことを矢継ぎ早に繰り返したことによって、結果的に、比較的早い時代に先進国としての立場を築くことが出来たと言うことなのであります。

９－６　領土所有権と治安の問題

　現在、北方領土（歯舞・色丹・国後・択捉）と日本海沖の竹島に関しては、国際条約上で認められたところの日本の主権が及ぶべき領土とされなから、現実には、本格的な統治形態による、しっかりとした管轄権の行使は、未だに行われていないと言わざるを得ない状態に放置されているのであります。また、沖縄の八重山列島北部に位置する尖閣諸島にあっては、領有権に関する障害等が存在していないにも拘わらず、他国がその領有を主張し、そして我が日本はそれを見逃している状況なのであります。
① 　北方領土の問題………領土問題が明確に存在している
② 　竹島の問題……………止むを得ず領土問題が存在する
③ 　尖閣諸島の問題………そもそも領土問題は存在しない

　さて、このような状況を保全するために、そもそも日本にあっては、国勢維持のためにどのように対処したら良いのでしょうか。
　日本は憲法によって、国際紛争を解決する手段として戦争や武力に訴えると言うことは認められていません。しかしながら、現代の

国際社会においては、国家間の主張や利益の調整を平和的に行うためには様々な方法が存在します。その柱の一つが、実は「日米安全保障条約」の制定なのであります。この国際条約は、昭和２６年に制定された後の昭和３５年に改定されて現在に至っている次第ですが、極東に位置する小さな島国の日本が、自由貿易の恩恵の下で世界の各国と互角に渡り合えているのは、正に、このような国際的な条約の制定によってもたらされるところの、大国アメリカによる庇護と言う恩恵のおかげだとも言えるのであります。

そのために、今日の日本にあっては各地に米軍の基地が置かれている次第ですが、それは、このような視点において、必然的に受け入れて行かなければならない負担の部分なのであります。

また、今日の日本は、これまでにも領土問題を巡る主権の在り方について、国際社会における「法と秩序」を尊重しつつ、それぞれの事案が抱える特質に応じ、紛争を招くことが無いように常に適切なる対応をとって来たところなのであります。

なお、この領土の題に関する詳細については、後の９８ページの（１０－１、日本の領土問題）においても記述しています。

９－７　過去に上映された任侠もの映画

日本は、１９６０年１月に、アメリカとの間において、それまでの日米間の安全保障条約が改定され、それによって、この年代以降にあっては工業製品等の輸出の増進を背景として経済力が著しく

向上し、生活水準が眼に見えて向上して行ったため、それに伴って娯楽産業の活性化が進み、そして、その時代に世間の人々が欲する娯楽の中心を為した映画産業の業界にあっては、その当時には、その景気に一気に火が点いたような著しい活況を呈する状況にまで至っていたのであります。

　そのために映画産業界にあっては、それぞれが体制の強化（それには映画スター及びシナリオライターの育成と確保が含まれる）を進めて行き、それに伴って、新たな作品を次々と生み出して行ったのであります。その当時に作られた主な作品には次のようなものがあります。

① 乾いた花（１９６４年　松竹）

　賭場において出会ってしまったところの、少女とヤクザとの間における愛と悲劇を綴った純愛物語であります。

② 人生劇場「飛車角と吉良常」（１９６８年　東映）

　任侠道をダイナミックに表現していて、この時代における大作とも言えるほどに異例な内容の作品であります。

③ 仁義なき戦い（初版）（１９７３年　東映）

　主演は、菅原文太・松方弘樹・田中邦衛らで、その当時、ヤクザ映画の金字塔とも言われたシリーズ作品の初版であります。

④ 仁義なき戦い（広島扁）（１９７３年　東映）

　シリーズ第２弾の作品であって、主演は、菅原文太・千葉真一・梶芽衣子・山城慎吾らであります。

⑤ 仁義の墓場（１９７５年　東映）

　暴力抗争に明け暮れるヤクザの生き様を描いた作品です。主演は

渡 哲也・梅宮辰夫・山城新吾らであります。

⑥ **極道の妻たち**（１９８６年　東映）

　生死の境に生きる男を愛した女性の生き様を描いています。主演は、岩下志麻・かたせ梨乃・世良公則らであります。

⑦ **日本で一番悪い奴ら**（２０１６年　東映/日活）

　日本の警察において、実際にあった不祥事件に基づいて創作されたところの、警察を舞台とした物語であります。

⑧ **孤独の血（第１弾）**（２０１８年　東映）

　副題は「正義と衿持を胸に」であって、主演は、役所広司・松坂桃李・真木よう子らであります。

⑨ **孤独の血（第２弾）**（２０２１年　東映）

　前作から３年後を舞台としていて、主演は、松坂桃李・鈴木亮平および村上虹郎らであります。

９−８　任侠道が及ぼした文化的な影響

　さて、「義理と人情を秤にかけりゃ、義理が重たい男の世界」との有名な台詞は、言わずと知れた昭和演歌「唐獅子牡丹」の冒頭の部分で歌われたところの歌詞の一節であります。これを歌っていた人物は、その時代の人気スターの一人であった高倉健さんで、現在にあっても、高齢の男性であれば誰もが知っていると思われる程の当時にはやった流行歌の歌詞の一節なのであります。

　そもそもこの時代の日本映画においては、その主題が「任侠物」

に置かれていた面が強く、そのために、その作風にあっては、悪人を成敗するのが正義の証しだとして、僅か一人の任侠人が、そこに群がる多勢の悪人らと対峙して行き、ついに彼らを抹殺して行くと言うような、極めて単純な筋書きのものが多かった次第なのでありますが、それでさえも当時の観客たちはそれに納得し、そして拍手喝采を送っていたのであります。そして、このような傾向と言う側面は、後の時代に多くなった外国映画（特に西部劇もの）に対しても見受けられるところであって、要するに、この「勧善懲悪」的なる面のストーリーを好むと言う日本人特有の傾向と言うのは、実はその時代における社会の雰囲気と言うものを反映するところの、庶民たちの「憂さ晴らし」に寄与していたのではないだろうかと推測されるところなのであります。

　つまり、この時代にあっては、任侠道と言う生き方が一般の人々には肯定的に受け入れられて行き、文化的な側面での一つの常識を為していたと言うことなのであります。

9－9　任侠人と右翼的傾向の人物との相違

　そもそも、右翼的な傾向の人々と言うのは、実は、日本においてはその昔から大勢が存在していたのであります。

　それは、前述した通り「義理と人情」と言う日本人的な心意気において、当然の如く共通の土俵を持ち得ていた人々が多かったからだと考えられるのであります。そして、その根源に何があるのかと

言えば、実は、それは日本の伝統的な思想であるところの国体主義であったり、国粋主義であったりしているのであります。

そして、このような右翼的傾向（新右翼とも言う）の人々と、いわゆる任侠人とは、そもそも何が異なるのかと言うと、この新右翼的な人々にあっては、反共産的な側面である民族主義を声高に主張するところに特異性の原点があるものの、一方の任侠人にあっては、そもそも、そのような民族差別的なる思想には組みせず、多くの人々が一致団結して国体を為して行き、それによって、各自がそれぞれに自活して行くことこそが第一義であるとしている点に、根源的な意識の相違があると言う次第なのであります。

今日の日本において、折に触れて「大和魂」なる言葉が用いられたりするのは、この国体の統一と言うような意識の側面にあって、それに関わるところの自分たちの意識と言うものを少しでも補強して、それによって全ての国民が一致団結して行きたいと願う、その素朴な気持ちと言うものが、多くの人々の心の中には常に宿っているからだと想像されるのであります。

10　領土問題に関わる任侠人の対応

10−1　日本が抱える領土問題

　今日の日本にあっては、およそ次のような事案による、旧態依然とした領土上の問題を抱えるに至っています。しかしながら、それらの多くは、歴史の上の経緯によるところの、やむを得ない事情によるものなのでもあります。

その1　樺太の問題

　樺太（ロシア名はサハリン）にあっては、その近代化が進む以前から先住民が居住している、そのような状況の中で、南からは日本人が入植して行き、そして、その南側にあっては、その豊富な森林資源を活用すべく製糸工場等々が進出して、程なく鉄道が敷設されて都市が形成されるに至り、また、人口が増えるにつれて学校や病院そして各種の商業施設が設置されていったのであります。

　しかしながら、その後の第二次世界大戦（別名、太平洋戦争）において日本が敗戦したことによって、結局、樺太は改めてロシア領とされるに至ったのであります。

その2　北方四島の問題

　北海道の北東に位置する歯舞諸島・色丹島・国後島そして択捉島のことを北方四島と言います。日本は、この島々の存在を他のどの国よりも早い時代に把握し、統治して来たところであります。また、その一方にあって、ロシア側の勢力が千島列島南端のウルップ島以南にまで及んだことは全く無かったのであります。

したがって、日露通商条約（通称、下田条約）における日露間の国境策定にあっては、その当時の自然な国際関係に沿って、当然の如く、択捉（えとろふ）島と東隣のウルップ島との間において設定された次第なのであります。

　しかしながら、これら北方領土の島々は、当然、日本の領土なのにもかかわらず、先の太平洋戦争（第二次世界大戦）後の混乱した時期に、ソビエト（現在のロシア）連邦によって不法に占拠された状況のままで今日に至っているところであります。

その3　竹島の問題

　日本海の西部に位置する竹島は、その歴史的な事実や国際法上の扱いにおいても、それは元来、日本固有の領土であるにもかかわらず、現在にあっては韓国において不法に占拠されたままで、今日に至っているところなのであります。

その4　尖閣諸島の問題

　沖縄の西方に位置する尖閣諸島が、実は、日本固有の領土であることは、歴史的にも、また、国際法上においても明確なことなのであります。しかしながら、中国政府にあっては、過去の時代（太平洋戦争後）にこの地を実効支配するに至って以降、実は、この地に石油埋蔵の可能性が示唆されたことから、同政府におけるその政治的な姿勢においては、現在に至っても、なお且つ、何ら変化の兆しすら見えないところなのであります。

10－2　領土問題に関する任侠人の対応

　日本にあっては、１９０４年（明治３７年）に始まった我が国と
ソビエト（現在のロシア）連邦との間の戦争において、主に中国の
大陸内で戦った日本の側が勝利し、その後の「ポーツマス条約」に
よって、長春（当時の満州中部の都市）以南における鉄道の敷設と
同時に、そこに日本人が居住することの権利を獲得したのでありま
す。そのため日本側にあっては、新天地たる満州の開拓に夢と期待
を託した大勢の日本人たち（一説によれば１８万人とも）が、その
外地「満州」へと入植して行ったのであります。

　しかしながら、その地における開拓事業と言うのは決して生半可
なものではなかったのであって、その現実は、飢餓やチフス等々の
病気によって亡くなったり、あるいは、実の子供を中国の人に買い
取ってもらったりした上で、ようやく、自らの飢えを凌いでいたと
言う辺りの極めて悲惨な現実と言うのもが、その当時にはあちこち
において見受けられたのであります。

　ところが、その後の１９４１年（昭和１６年）１２月に勃発した
第二次世界大戦（別名、太平洋戦争）において、日本は、その４年
後の昭和２０年８月に至り、アメリカ軍によって広島そして長崎に
対して原爆が投ぜられ、史上まれに見る程の甚大なる被災を生んで
しまうと言う事態に立ち至ってしまったのであります。そのために
日本側にあっては、昭和２０年８月１４日に、それまで敵対してい
たところのアメリカを中心とする連合国の側に対し、ポツダム宣言
の受諾とともに降伏を申し入れたことによって、この戦争はついに

終戦へと至って行くのであります。

　また、その一方において、中国北部の満州方面へ疎開し、広大な農地での耕作を夢見て開拓事業を担っていた人々は、現地人に追われる如く、本土（日本のこと）への帰還を急いだのであります。

　しかしながら、終戦に至った後に内地（日本のこと）へ無事帰還できた人々にあっても、その当時の多くの人々においては、結局のところ、以前と同様に、生活苦に苛まれるような劣悪な境遇と言うものが付きまとっていたのであります。

11　任侠人と言う存在の意義

11−1　任侠人が追い求めたもの

　さて、新たな視点に立ち返り、いわゆる任侠人と呼ばれた、その当時の人々が追い求めて来た事柄が、果して何事であったのだろうかと振り返ったとき、実は、それは「個人の自由」への尊重を意図していたのではないたかと考えられるのであります。

　その時代に、個人の自由を表わす言葉は「自己主義」だったのでありますが、この自己主義と言う言葉には、実は、ある種のロマン

104

主義的な理念が組み込まれていて、もしも仮に、それを別な言い方に置き換えてみようとすると、それは今日においては、例えば個人主義であったり、あるいは自由主義であったりと言えるような、より一層茫漠たる用語表現によるところの言葉使いになってしまうのだろうと想像されるところであります。

　このような自己主義的な考え方については、視点を世界に転じてみれば、古来、多くの人々がその見解を示して来ているように、それは、当時の社会と言うものが、世の人々の思想的な自由を奪って来た現実があったからではないかと視られるのであります。

　そして、そのような思考と言うものは、その多くが、過去の時代にあった無政府的な社会の中から必然的に生じて来たと言う現実があります。なぜならば、その時代の社会においては、実は、個人による行動の自由と言うものが、殆んど奪われていたと言う現実があったからこそ、生れて来たと言えるのであります。

11－2　任侠人が果した役割

　先の時代に横たわっていた大きな問題（欠陥）の一つが、現代のような「法による支配」と言うことが確立されていなかったと言うことなのであります。そのために、物事の在り方（いわゆる社会的な側面での仕組みや秩序）等が、特定の人物によるところの恣意的な発想と暴力とによって支配されてしまうと言う側面が強かったと言うことなのであります。

そして、一方で、そのような不都合な側面に割り込んで行くために頼られることとなったのが、いわゆる任侠人と称されていた特定の人物による物事の調整だったのでありました。

　要するに、この時代において人々の日常生活に関わる秩序の維持を図ると言う、誠に面倒な側面の対応にあっては、一部の任侠人にそのような事例が視られるように、結局のところ、ある面で暴力的な要素と言うものに依存せざるを得ないような、はなはだ厄介なる事態と言うものが彼方此方で生じてしまっていたと言うのが、その時代における社会的な環境と言う側面での、誠に止むを得ざる実状でもあったと言う次第なのであります。

11－3　庶民が好んだ任侠物映画

　この時代に、多くの庶民（一般の市民）たちが娯楽の対象としたものの一つが主に映画だったのでありました。そして、その時代に発表された映画のテーマとして最も好まれたものの題材の多くが実は、いわゆる任侠物だったのであります。そのような時代に製作されて、庶民らの人気を得て行った当時の主な作品には次のようなものがあります。

① 　仁義なき戦い（初版）　　１９７３年製作
　この映画は、いわゆるヤクザ戦争を語る上において外せない実録シリーズの第１弾として発表された作品で、終戦直後における現在

ヤクザや愚連隊の発祥期に生じたところの、広島市内における抗争を下地にして映画化されています。そして、その主なる出演者は、菅原文太・松方弘樹・田中邦衛・渡瀬恒彦・伊吹五郎・梅宮辰夫らと言った豪華なものでありました。

② 仁義なき戦い（広島死闘編）　１９７３年製作
　この映画は、前作に続く実録シリーズの第２弾として発表されたものであって、その出演者は、菅原文太・千葉真一・梶芽衣子・山城新伍・北大路欣也らと言うものでありました。

③ 極道の妻たち　　１９８６年製作
　この映画は、ジャーナリスト家田荘子氏の取材による、死と隣合わせの境遇の中で生きる女たちの壮絶な生き様を、岩下志麻による主演によって、それを五社英雄監督が迫真の演出によってリアルに生み出したところの珠玉の作品であります。

④ 孤狼の血　　２０１８年製作
　この映画は、昭和４９年に広島を舞台に勃発した暴力団の抗争事件を下地として、柚木裕子が創作したところの同名の小説を原作として生み出された作品です。そして、２０２１年には、その続編とも言えるような内容の同名の作品が製作されています。

⑤ 時代劇・聖地巡礼　　２０２１年製作
　この映画は、映画史を専門とする研究者が、これまでの時代劇に

おいて実際に使われて来たところの、滋賀県内における計４１箇所にも上るそれぞれのロケ地を取材して巡り、それらをエッセイ風に仕立てて、集大成したところの作品であります。

⑥　やくざ映画入門　　２０２１年出版

　これは、主にやくざ映画を好むマニアたちに向けて出版されたところの、いわゆるビギナー向けの図書であります。作者は、映画史や時代劇の研究家でもあるので、本書においては、これまでの各種のヤクザ映画について、そのストーリーや楽しみ方そして歴史等々について、分かり易く解説しています。

11－4　時代劇映画の衰退

　この当時の、任侠物及びやくざ映画に対する人気（関心）の高まりと言うのは、実は、その一方で、その作品の企画の在り方と言う面において、これら時代劇に対する人々の関心と言う側面を徐々に推移させて行ったのであります。

　その端緒とも観られるのが、時代劇が全盛であった１９６０年代において東宝映画が発表した「椿三十郎」なのであって、その誠にリアルな殺陣（たて）捌きを組み込んだ作風は、やがて、それまでの主流であったところの、主に優美さを前面に押し出して来たそれまでの作風を、実は、次第に衰退へと追い込む端緒となって行ったと見られるのであります。

しかしながら、時代が更に進んで行くと、次には若い世代を中心にして、時代劇映画そのものが飽きられて行くと言う傾向と言うのが、より一層はっきりして来たのであります。

11−5　著名な映画スターの活躍

その1　三船 俊郎（1920・4・1〜 1997・12・24）

　彼は、大正9年という、父親が中国山東省の青島に滞在していた当時に出生した子供で、成長した後、日本を代表する俳優となって多くの作品へと出演して行き、また、その一方で、彼は自ら映画の企画に携わるところのプロデューサーでもあったのでした。

　その当時、彼は黒澤明監督の作品への出演が多かったために国際的な面の知名度が高く、そのため、1960年代以降の映画の全盛時代にあっては、国外製作による日本映画に頻繁に出演していて、その主演作品には、デビュー作である「酔いどれ天使」（1948年）や「羅生門」（1950年）そして「七人の侍」（1954年）等々と、今日にあっては、そのいずれもが名作と言われる程に高い評価を得ているところの多くの作品に出演しています。

　一方、彼は映画産業の復興のためとし、自分でプロダクションを設立して映画の製作に臨んでいて、それらは、例えば自らメガホンを取ったドキュメンタル作品の「黒部の太陽」や、稲垣浩監督を迎えて製作した「風林火山」と言った大作の他に、「桃太郎侍」ある

いは「荒野の素浪人」等々と言った、テレビ向けのドラマまでもが含まれていたのであります。しかしながら、彼は私生活の面においてはいろいろと問題を残したのでありました。そして、その晩年には軽度のアルツハイマー型認知症を患ってしまい、７７歳にて死去しまいました。そのため彼の作品は、１９９５年に公開されたところの「深い河」が最後の主演作となったのであります。

その２　京 マチ子（1924・3・25 〜 2019・5・12）

彼女は大阪の出身で、松竹少女歌劇団を経て１９４９年に大映に入社し、女優としてデビューしました。彼女の出演作品には黒澤明監督による羅生門（１９５０年）や、衣笠貞之助監督による地獄門（１９５３年）、溝口健二監督による雨月物語（１９５３年）等々の大作があって、その何れもが、実は、彼女の持つ肉体美を武器として製作されたところの官能的な作品なのであります。

その一方で、彼女は同僚の月岡夢路との相性が良く、映画「華麗なる一族」や「犬神家の一族」等々において共演しています。そして、日本アカデミー賞（２度）の他に、多数の賞を受賞しています。

その３　高峰 秀子（1924・3・27 〜 2010・12・28）

彼女は北海道の出身で本名を松山秀子と言います。そして５歳の頃、ある人の案内によって松竹蒲田撮影所を見学し、そこで、たまたま行われていたオーディションに飛び入りで参加をしたことによって、運よくさる映画監督の眼に止まり、そのために撮影所に入所することとなって、すぐに端役を得るに至ったのであります。

そして、その映画が大ヒットし、ロングランを記録するに至った
ために、彼女は、後に子役の映画人として撮影所に出入りするよう
になったのであります。また、そのしばらく後、この撮影所が大船
へと移された頃、彼女はその成長に合わせて子役から娘役へと転じ
て行き、遂に大役を任されるようになったのであります。

　一方、彼女自身は、後にその所属先を東宝映画へと移し、そこで
豊田四郎監督による指導を受けたことで次第に演技派へと転じて
行き、同時に黒澤明監督とも親しくなって行ったのであります。

　その後、彼女は、カンヌ国際映画祭への参加を契機にフランスへ
と渡り、そこで６カ月ほど滞在していたのですが、その際の経験と
言うものは、彼女をより一層大きく成長させることの大きな契機と
なって行ったのであります。

　そして、その後の彼女の活動は、主に木下恵介監督による作品に
集中して行くようになって、後の「二十四の瞳」、「浮雲」、「喜びも
悲しみも幾歳月」そして「笛吹川」等々において、彼女は実に素晴
らしい、見事な演技を披露するようになったのであります。

その4　鶴田 浩二（1924・12・6 〜 1987・6・16）

　彼は兵庫県西宮市の出身で、その時代における多くの映画に主演
し、甘いマスクとその虚無的な風貌によって一気にトップスターへ
と昇りつめて、映画界の先輩であるところの長谷川一夫や池部良を
越えるほどの人気を得て行き、それによって、多くの映画において
主役の座を獲得して行ったのであります。

　一方、実は彼自身は、山口組三代目組長とは旧知の間柄であった

にも拘わらず、１９５３年（昭和２８年）に、その人気をねたむ者
によって、大阪の天王寺において襲撃されると言う、誠に迷惑なる
事件に出会ってしまうことになるのであります。

　しかしながら、それにめげず、その後に更なる新境地を獲得して
行き、それによって、当時、彼は日本一のギャラ（出演料）を得る
ところのトップスターとなったのであります。

その５　佐田　啓二（1926・12・9　〜　1964・8・17）

　彼の本名は中井寛一で、京都の商家の生れでありました。大学へ
進学のために上京し、その当時、彼は、すでに人気俳優でもあった
佐野周二（関口宏の父）の実家に下宿していて、その佐野家が取り
持った縁によって、自然の流れの如く、昭和２１年（１９４６年）
に、彼は松竹大船撮影所に入社することになって、その際に、彼は
その芸名を佐田啓二と名乗ることになったのであります。

　昭和２２年（１９４７年）、木下恵介監督による映画「不死鳥」
において、彼は、当時、すでに大女優であった田中絹代の相手役に
抜擢されて、その田中との間で交わしたラブシーンが当時の社会に
おいて大きな話題とされるに至ったことから、彼は一躍、映画界に
おけるスターの座を仕留めるに至ったのであります。

　その後、彼は演技派へと脱皮して、昭和３１年（１９５６年）に
発表された映画「あなた買います」での高峰秀子との共演や、著名
な監督の小津安二郎による「秋刀魚の味」での初老の役柄での好演
などを通じて世間の人気を得て行き、遂にトップスターの座を射止
める程に、その名を全国に馳せるに至ったのであります。

しかしながら、後の昭和３９年（１９６４年）に、彼は、夏休みの休暇を楽しむために訪れていた避暑地において交通事故を引き起こす事態となってしまい、運ばれた先の病院において死去してしまったのであります。それは、家族を残したままの、享年３８歳という若さでの旅立ちだったのでありました。

その6　八千草 薫（1931・1・6 〜 2019・10・24）

　彼女は大阪の生れで、幼少時に父を亡くし、そのために母子家庭と言う環境の中で育ったのであります。その後、彼女は宝塚歌劇団に所属して演技等の基礎を学び、１９５２年の「源氏物語」の舞台における彼女の演技が好評であったことから、後の彼女は、次第に映画の世界へ関与して行くようになって行ったのであります。

　また、後の１９７７年に放映された TBS 系のテレビドラマ「岸辺のアルバム」での好演によって、彼女は、一躍、人気女優の一人となって行ったのであります。

　しかしながら、その後の平成２９年（２０１７年）頃に、彼女は膵臓がんを発症して以降、次々と病魔に見舞われてしまい、残念なことに８８歳にて死去してしまいました。

その7　久我 美子（1931・1・21 〜 2024・6・21）

　彼女は、上流階級の家庭で育った人物ではあるものの、女学校に在学中、東宝映画社のニューフェイスに合格したことで、女優への道に進んだのであります。その同期には三船敏郎がいました。

映画人としての彼女は、岸恵子や有馬稲子らと極めて親しい関係にあって、映画では「酔いどれ天使」を始めとする、多数の作品に出演しました。また、その一方でテレビの「３時のあなた」で司会を務めたり、舞台に出演したりと、長期に亘って多方面での活躍を為したのであります。そして、長寿に恵まれた彼女ではありましたが、９３歳の時に誤嚥性の肺炎によって死去しました。

その８　高倉　健（1931・2・16 〜 2014・11・10）

　彼は福岡県中間市の出身で、後に多くの映画に主演し、その甘いマスクと虚無的な風貌によって、一躍トップスターの座へと登りつめて、映画界の先輩である長谷川一夫や池部良たちを上回る人気を得て行き、それによって、多くの映画において次々に主役を演じるところの人気者となって行ったのであります。

　一方、彼自身は、山口組（暴力団）の三代目組長とは世間に知られた旧知の間柄であったにも拘わらず、１９５３年（昭和２８年）に、その人気をねたむ者によって、大阪の天王寺において襲撃されてしまうと言うような事件に遭遇してしまったのであります。

　しかしながら、その後、彼は映画人としての更なる新境地を獲得して行き、それによって、日本一のギャラ（出演料）を得るほどのトップスターへと成長して行ったのであります。

その９　中村 錦之助（1932・11・20 〜 1997・3・10）

　彼は、歌舞伎界を支えた播磨屋直系の人物でありながら、自ら進んで映画界へと転じて行き、それによって、当時の時代劇スターの

中心人物となって多くの作品に出演しました。そのような作品には宮本武蔵シリーズや「丹下左膳」、「柳生一族の陰謀」等々と言った時代劇や、文芸作品であるところの「春の坂道」での柳生宗矩の役や「破れ奉行」の速水右近役、「赤穂浪士」の大石蔵之助役等々の大役を演じ続け、その時代における時代劇スターの主軸として君臨して、多くの時代劇ファンを楽しませたのであります。

その10　石原　裕次郎（1934・12・28 〜 1987・7・17）

　彼は、日本の映画スターとして、また、テレビドラマでの主役として数々の作品に出演し、映像の世界の中でその男気を存分に発揮して行き、当時の若者たちの憧れを一手に集めるほどのアイドルとなって行ったのであります。

　その代表作には、テレビドラマの「太陽に吠えろ」や三船敏郎との共同制作による正統派映画であるところの「黒部の太陽」等々があって、彼は既にその時代における映画人の中心人物となっていたのであります。しかしながら彼はそれにあきたらず、後には自らが監督となって映画の製作へとのめり込み、それによって生まれたのが、自身の主演による「反逆の報酬」等の作品なのであります。

　一方、彼は、自身の低音の魅力を活かし、歌謡曲を歌うことにも長けていて、その中で「ブランデーグラス」は多くの人々の好評を得て行き、１５０万枚と言う空前絶後のレコード枚数を売り上げる程の大ヒット曲となって行ったのであります。

　しかしながら、後の彼は、悪性腫瘍と戦わざるを得ない事態ともなってしまい、その最期は、まさに病床での壮絶なる戦いを経てい

て、世間に惜しまれつつ、遂に死去するに至ったのであります。

その11　美空　ひばり　（1937・5・29 ～ 1989・6・24）

　彼女は神奈川県横浜市の出身であって、世間ではあまり知られていないものの、その本名は加藤和枝でありました。

　彼女は、その恵まれた天性の歌唱力によって幼くして歌謡界へとデビューし、また、早くから天才少女と言われ続けた環境の中で成長を続けて行き、以来、４０年以上に亘って日本の歌謡界に君臨し続け、日本全国津々浦々に及ぶほどの各地において長期に亘る公演活動を続けて行ったために、彼女は、世間から歌謡界の女王とまで言われる程の活躍を成すに至ったのであります。

　そのために彼女は、その活動を讃えられて、没後に国民栄誉賞を追贈されるに至ったのであります。

11－6　今日のテレビドラマの波及効果

その1　映画の凋落とテレビドラマの人気度

　近年、テレビドラマに対する人気が極めて高くなっている、その一方において、映画に対する市民らの関心と言うのは甚だ凋落しているように見受けられるところであります。そして、その背景には、最近のテレビドラマが、テーマの選び方や制作に係わる技術の向上と共に、そこに出演している演者たちの本気度や熱意と言うものが

映画同様に十分に感じられるようになって来ていて、わざわざその
ための時間を割いてまで映画館へ出掛けなくても、たとえ、それが
家庭にて視られるテレビのホームドラマであったとしても、近年の
テレビドラマにあっては、これまでの映画とほぼ同等程度の満足感
というのを十分にもたらせてくれるようになって来ていると言う
テーマの選び方や技術の向上と言う製作者側における意欲が、その
背後に診られるからなのであります。

その2　テレビドラマ「陸王」の効果

　２０１７年の１０月から１２月にかけて放映された「陸王」なる
テレビドラマは、実は埼玉県行田市の老舗足袋メーカー「こはぜ屋」
が、永年培って来た足袋（たび）の縫製技術を活かして行き、薄底
のランニング・シューズの開発に挑戦する物語(実はフィクション)
であります。そして、このドラマの影響によって、地元の行田市に
あっては、この「陸王」にコラボする関連商品が飛ぶように売れた
とされるのであります。

その3　テレビ・コマーシャルの効果

　近年、一般庶民たちを対象とした、家庭用品等々に関するＰＲに
あっては、テレビのコマーシャルに依存する傾向と言うのが、ます
ます強まっていると言う状況にあります。それは、消費者に対して
は、映像による商品の宣伝と言う手法が最も分かり易いからなので
あります。そのことを如実に実感することができる明確なる事例と
して、例えば次のような事実があります。

さる大手家電メーカーが売り出した、最新型の自動式洗濯脱水機にあっては、ある時期に製造された特定の商品が、販売開始の直後から大幅に売り上げを伸ばして行き、遂には前年比において５倍にも達したとされるのであります。

　それは、消費者が願望するスポットと言うものを十分に配慮して製品化したものであることを、当該商品のコマーシャル上においてメーカー側がしっかり強調していたからなのであります。

12　日本に影響を及ぼした外国人

その１　頼　山陽（1780－1832）

　彼は、大坂で生れ広島にて育った渡来人の息子であって、江戸時代後期の著名な歴史家であり思想家でもあって、日本外史の深耕に取り組む、その一方において、優れた門人らを数多く育てました。また、長期に亘って自ら推敲を重ねて来たところの「日本外史」を文政９年（１８２６年）に完成させて、彼は、その全２２巻に上る初版本を老中首座の松平定信へ献上しています。

その2　シーボルト（1796－1860）

　オランダ人の彼は、日頃、その当時の西洋医学に関わる最新情報を日本へ持ち込むと同時に、その一方で、日本における当時の生物学・地理学そして民俗学に係わる多岐に亘る文物を収集して、彼の母国のオランダへ持ち出していたのでありました。

　しかしながら、文政１１年（１８２８年）に、運悪く、彼が乗船していた船が難破したことで、その積荷の中に、彼が、日本の探検家、最上徳内からもらい受けた日本地図が含まれていたことが判明してしまい、それによって、彼は、幕府から国外追放の処分を受けることとなったのであります。

　なお、彼は、その後に自国（オランダ）の軍人として所定の公務を経た後にあって、７０歳にて没しました。

その3　ハリス（1804－1878）

　彼の本名はタウンゼント・ハリスで、アメリカ初代の日本総領事であった安政５年（１８５８年）６月１９日に、日本とアメリカ合衆国との間にて結ばれた、万延元年遣米使節（正使は新見正興）による日米通商条約の締結に関しては、その前年に、彼が自ら江戸城へと登城し、当時の第１３代将軍に謁見して、その母国のアメリカ大統領の署名による国書を手渡したことが下地となって、ようやく進められて行ったものなのであります。

その4　オールコック（1808－1897）

　彼はロンドンの郊外にて暮らしていた医師の息子で、熱心に学業

を続け、解剖学を修めて医師の免許を取得したのであります。

　後に、彼はイギリスの軍医として戦地に赴いたものの、リウマチを患って両手ともに親指が利かなくなってしまい、そのために臨床医としての生き方を断念せざるを得なくなったのであります。

　彼はその後に外交官へ転じて行き、１８５９年に初代の駐日領事に任命されて日本へと渡り、官舎として宛がわれた横浜の東禅寺を拠点として実務に尽力することになるのであります。そして、そこで遭遇することになるのが、いわゆる東禅寺事件（７１ページ参照）なのであります。

その5　ロッシュ（1809－1900）

　フランス・グルノーブル出身の彼は、大学を中退して父親が経営していた農園の経営を助けるためにアルジェリアへ渡り、その地でアラビヤ語を身に付けるに至ったのであります。その後、彼は自国のアフリカ部隊に所属する通訳官となって再びアルジェリアへと渡り、その地であらゆる交渉事を担ったことが外交官へ進む端緒となったのであります。そして、その後の彼はモロッコやリビヤそしてチュニジアを経て日本へ着任しました。

　彼が日本へ派遣されたのは、イギリスに対抗して幕府へ接近するためであって、そのために、彼は横須賀造船所や富岡製糸場の建設を巡って母国から技術者を招聘する等々といった、大変忙しい毎日を送っていたのであります。

その6　ヘボン（1815－1911）

彼はアメリカ出身の医師で、医療の伝道を主務とする宣教師でもありました。彼は幕末時に来日し、横浜にて医療活動に従事しつつ、その一方では牧師として聖書の日本語訳にも携わっていたのでありました。そして、後に彼は日本初の和英辞典「和英語林集成」を編纂し、それによって、日本にヘボン式のローマ字を広めて行ったことで、その名前が世間に知られるところとなったのです。

　また、その後には明治学院（現在の明治学院大学）を創設して、その初代学長に就任するなどと、日本の高等教育に対して広く貢献したのでありました。

その7　ボアゾナード（1825－1910）

　パリ大学を卒業し博士号を取得していた彼は、１８８３年（明治１６年）に、法政大学の前身である東京法学校の教頭として来日して、以来、その後の１０年間に亘って、師弟に対する教育に情熱を注ぎました。その頃の東京法学校においては校長職が置かれていなかったので、実質的には、彼が学校の基本理念や経営方針についてその基礎を固めて行ったのであります。そのために、学校の学風にあっては、次第に、フランス流の「自由と進歩」を尊ぶような学風へと染まって行ったのであります。

その8　クラーク（1826－1886）

　彼はアメリカ・マサチューセッツ州の生れで、州内のアーマスト大学を卒業し、その後に同州のマサチューセッツ農科大学の学長を務めていました。そして、その時代に明治政府からの熱烈な要請を

受けて、１年間と言う条件の下にて札幌の学校（後の北海道大学）の初代教頭に就任し、その第１期生に対して動物学や植物学そして英語や化学を教えて行ったのでありました。

　彼は、学生への指導に対しては、その規律そして活動面おいして高いレベルを要求し、そのために、あらゆる作業の標準化を進めて行きました。また、日本を去るに当たっては、その後任を、わざわざ、自身の出身校であるマサチューセッツ農科大学から呼び寄せたのであります。そして、学校を去るに際しては、大勢の前で「少年よ、大志を抱け」との檄（げき）を掛けたとされます。今日において、この言葉は、有意なる若者を鼓舞するための掛け声として広く知られており、余りにも有名なる一言であります。

その9　パークス（1828－1885）

　英国人の彼はイングランドの出身であって、幕末から明治初期に及ぶ１８年もの期間にかけて駐日公使を務めたところの高名なる外交官であります。そして、彼は１８４０年に勃発したアヘン戦争においても関与していて、その２年後に、イギリスと清国（当時の中国の名称）との間にて交された南京条約においては、清国は貿易に係わる関税の自主権を喪失し、貿易に関しては、言わばイギリスの植民地のような立場に置かれてしまったのであります。

その10　ロエステル（1834－1894）

　明治時代に在日ドイツ全権公使であった人物は、自身の外交問題の他に日本へ送り込むドイツ人の斡旋まで手掛けていて、その際に

日本の外交官であった青木周蔵に推薦されたヘルマン・ロエステルとの間において、しかるべき役務の契約が取り交わされていたのであります。そして、その契約によって、ロエステルは外務省の法律顧問として日本に赴任し、主として国際公法及び国内法と国際法との整合性等々の問題について関与して行ったのであります。

　また、その後、内閣による信任が得られたことから、彼は大日本帝国（日本のこと）としての行政や商法等に関する改革案の作成における中心的な存在となって活躍したのであります。

その11　フェノロサ（1853－1908）

　彼は、アメリカのハーバード大学で哲学・政治経済学を学んだ後の明治１１年（当時２５歳）に来日し、東京大学にて哲学や政治学を講じていて、その講義を受けた者の中には岡倉天心や加納治五郎そして坪内逍遥と言った人物たちが在籍していました。

　彼は、美術・工芸に関しては専門外でありましたが、しかしながら、彼は来日してすぐに、日本美術に対して深い関心を寄せるようになって、後に、助手の岡倉天心を伴って、日本の古寺仏閣を訪ね歩いた際には、古い仏像や掛軸等々の書画骨董に興味を持つようになって行き、それによって、後に、彼は岡倉天心と共に東京美術学校（現在の東京芸術大学）の設立に尽力するのであります。

　彼は明治２３年（１８９０年）に帰国し、ボストン美術館の東洋部長として活躍し、その立場の中で、特に日本美術の紹介に精力を注いで行ったのでありました。

その 12　グラバー（1838 − 1911）

　彼は、スコットランド（グレートブリテン島の北部地域）の出身であります。２１歳の時に、アジア地域を商域として成長した英国の貿易会社の社員として上海へ渡り、その後、その会社を彼自身が引き継ぐに至ったために社名を「グラバー商会」と改めて、次第に日本への進出を図って行ったのであります。

　１９６５年（元治２年）、長崎の大浦海岸において、彼は自身が輸入した蒸気機関車を走らせて見せたことで世間の注目を浴びるようになって、それにより当時の明治政府とも親密な関係を築いて行き、そのために彼は、後に西洋式の各種武器の輸入によって財力を成すに至ったのであります。

　一方、後の彼は、長崎出身の岩崎弥太郎（三菱財閥の創始者）と組んで炭鉱の開発にも取り組む等と、日本の工業立国化を推し進めて行く上での影の立役者となって行ったのであります。

その 13　アーネスト・サトウ（1843 − 1929）

　イギリスの外交官であった彼は、駐日公使の責務を通じ、母国における日本学の基礎を築いた人物であります。

　彼は、初めて来日した際には全く日本語が解せない人物であったものの、アメリカ人宣教師らを介して日本語を学び、それによって徐々にではあったものの、まもなく日本人とも会話が出来るようになって行ったのであります。

　彼は、来日後まもなくして、東禅寺事件や生麦事件（７０ページ参照）に遭遇するものの、それに屈することなく、責務である日本

124

語通訳士として立ち向かって行き、当初は通訳士としての体裁を為すには至らなかったものの、その当時の急激に変化して行く社会の状況がそれを許さず、彼は日を追って、通訳として、また駐日英国公使として成長して行ったのであります。

13　文化的な側面への波及

13－1　時代劇映画の終焉

　１９７５年（昭和５０年）１月に公開されたところの、東映京都撮影所制作による映画の中に、高倉健さんの主演によって製作された「日本任侠道（激突編）」なる作品があります。その作品は、このような任侠物シリーズの集大成との位置付けに沿っていて、意欲的に製作が進められたものでありました。

　しかしながら、この作品が世に出された時点にあっては、世の中の関心と言う面が既にこのような話題からは離れつつあったのであって、結局のところ、その興行成績と言うのは思いの外良くない結果にて終ってしまったのであります。そのために、以降、これと

類似するような映画作品と言うのは、遂に一度たりとも製作されることがなかったのであります。

　そして、それに代わって、後に世間の注目を一手に集めるようになったのは「男はつらいよ」のような軽妙な作品群であり、世の中の全体的な雰囲気と言うものは、逐次、そのような方向へとシフトして行く状況となって行ったのであります。

13－2　日本の西洋化への傾倒

　日本において、日常生活に関わる文化的な側面での西洋化が一気に進むようになったのは、実際のところ、その時代の明治政府が進めて行った、外国との間における人的交流の活性化と言う側面での国威発揚策が功を奏したからなのであります。

　そして、それを支えたのは、その時代に、それまでの江戸時代を通じて続けられた、極めて閉鎖的な社会制度であった「士農工商」なる職業選択上の束縛が、明治政府による開明的な政策への転換によって解消されて行き、その結果として、以降にあっては、たとえ誰であろうとも、どのような職業に就くかについては、完全に個人の自由とされるに至ったからなのであります。

　その一方で、この政策と言うのは、必然的に若者を都市部に集約し、また、日本人の特技である「創意工夫」の下で、工業技術等を下地とした新たな産業を発展させる等々の成果を生んで行き、それによって、後の大正時代の頃にあっては、日本は、すでに世界から

工業国とさえ言われる程に経済的な自立を為して行き、独立国家として
しての国威を遺憾なく発揚するまでに至ったのであります。

13－3　日本文化発展の根源

　日本と言う国は、面積においては至って小国であるものの、しか
しながらその一方において、日本は早くから経済大国としての立場
を築き上げ、それによって諸外国と伍して行き、故に、常に一定の
発言力を有して来た国でもある次第なのであります。

　そもそも、この時代にあっては、政治的な側面での基盤の強化を
為して行く際の、その大きな根源の一つが、経済力の強化に基づく
ところの「国威の発揚」であり、その増強なのであります。

　このような国威と言う側面が、経済的な基盤によって支えられて
行くと言うのは至って当然なことでもあって、明治の時代にあって
日本が外交的な側面において国威を発揚し得たその背景には、実は
国策によって建設が行われた富岡製糸場における「生糸」の輸出と
言うことが大きく関わっていたのであります。つまり、その時代に
おいて、先進国として君臨していた米・英・仏・独と言った国々に
あっては、女性たちを喜ばせるための手段として、品質の良かった
日本産生糸による絹布が是非とも欲しかったのであります。

　したがって、当時の明治政府は、この富岡製糸場が産出した生糸
については、その全てを輸出に回していて、それによって得られた

資金をもって、横浜港の整備を始めとするところの、国内の各地における、それぞれの産業基盤の整備等々と言う国策を逐次振興して行ったと言う次第なのであります。

13－4　日本文化発展の痕跡

　次に、明治以降の日本の黎明期における文化発展の痕跡について改めて概観して行くこととします。

- ・１８７０年　横浜にてフェリス女学院が開校
- ・１８７１年　横須賀造船所が創業
- ・１８７２年　新橋－横浜の間にて国有鉄道が開業
- ・１８７２年　官営富岡製糸場が創業
- ・１８７３年　三菱商会が発足
- ・１８８１年　日本鉄道会社が発足
- ・１８８２年　日本銀行が開業
- ・１８８３年　大阪紡績会社が創業
- ・１８８５年　日本郵船会社が発足
- ・１８８９年　東海道線（新橋－神戸）が開通
- ・１８９４年　日清戦争が勃発し、日本が勝利
- ・１８９６年　日本銀行本店が完成
- ・１８９７年　豊田佐吉が汽力織機を開発
- ・１９０１年　東北線（上野－青森）が開通
- ・１９０４年　日露戦争が勃発、日本が勝利

- 1914年　猪苗代水力発電所の電力が東京まで送電
- 1917年　浅野造船所にて白鹿丸の進水式
- 1918年　慶応義塾大学が開校
- 1923年　関東大震災が発生
- 1906年　南満州鉄道㈱を設立
- 1935年　湯川秀樹が中間子論を発表
- 1937年　盧溝橋事件発生、日中戦争が勃発
- 1941年　真珠湾を奇襲攻撃し、太平洋戦争が勃発
- 1942年　ミッドウェー海戦に敗北
- 1943年　アッツ島で日本軍が全滅、学徒出陣開始
- 1944年　サイパン島で日本軍が全滅
- 1945年　東京大空襲、広島・長崎に原爆投下
　　　　　　ポツダム宣言を受諾（日本が降伏）
- 1946年　日本国憲法を発布、極東軍事裁判の開始
- 1948年　極東軍事裁判の判決により、戦争指導者が死刑に
- 1951年　日米安全保障条約の調印

13－5　日本の戦後の復興

　第二次世界大戦によって荒廃してしまった日本の戦後の復興を
支えたのは、実は、アメリカを中心として成り立っている世界銀行
を軸とした支援システムなのでありました。

　そもそもアメリカは、占領地域に対してガリオラ（占領地域救済

基金)、そしてエロア(占領地域経済復興基金)と言う2つの基金を持っており、日本は、これら基金から救済・復興の両方の支援を受けることにしたのであります。そのため1946年よりガリオラ基金を、1949年よりエロア基金を受け初めていて、その合計は18億ドル(約12兆円相当、糺し、その内の13億ドルは無償)と言う高額のものでありました。

そして、これらの資金は、鉄道・電気通信・電力・海運・石炭等々の基幹産業の復興を前提とした、低利融資のための原資として使われたために、荒廃が進んでいた日本の戦後の復興と言うのは、そのいずれもが順調に進んだと言うことなのであります。

13-6 今日のテレビドラマの波及効果

2009年(平成21年)に、実は「任侠ヘルパー」なる、いささか特異な内容のテレビドラマが、フジテレビの「木曜劇場」枠において放送されていたことがありました。

その荒筋とは、いわゆる振り込め詐欺によって生計を立てていたところの、指定暴力団に所属する主人公(演者は草彅剛)らの若衆6人が、ある日、大幹部の命令によって、敵対する暴力団が経営するところの老人介護施設において、その素性を隠し、研修との名目の下で介護ヘルパーとして働くことによって、その経営の実態を次々とあばいて行くと言う、テレビドラマとしては、実に荒唐無稽

なる筋書きのものだったのでありました。

　しかしながらこのドラマは、その後に大変な反響を呼ぶところと
なって、日本においては、２００９年の年間TVドラマ大賞を5つ
もの部門に亘って受賞し、また、その翌年に至っては、国際ドラマ
フェスチバルin TOKYO ２０１０において、連続ドラマ部門での
優秀賞を受賞するに至ったのであります。一方で、この頃はテレビ
のホームドラマにあっては沢山の秀作が生まれて行きました。それ
らは次のような作品（製作年代順）であります。

　①　時間ですよ　　　　　　　　（TBS）　　　１９６５年

　②　寺内貫太郎一家　　　　　　（TBS）　　　１９７４年

　③　岸辺のアルバム　　　　　　（TBS）　　　１９７７年

　④　阿修羅のごとく　　　　　　（NHK）　　　１９７９年

　⑤　金曜日の妻たち　　　　　　（TBS）　　　１９８３年

　⑥　渡る世間は鬼ばかり　　　　（TBS）　　　１９９０年

　⑦　北の国から　　　　　　　　（フジ）　　　２００２年

　⑧　テレビ小説「あまちゃん」　（NHK）　　　２０１３年

　⑨　最高の離婚　　　　　　　　（フジ）　　　２０１３年

　⑩　義母と娘のブルース　　　　（TBS）　　　２０１８年

14　時代劇黎明期の残像

　「義理と人情を秤にかけりゃ、義理が重たい男の世界」と、この調子の良い台詞（せりふ）は、言わずと知れた、過ぎし日の任侠物映画「唐獅子牡丹」における、その冒頭にて歌われた演歌の歌詞の一節であります。そして、これを歌った人物は、その映画の主役であり、当時に流行した任侠物映画を得意としていたところの、あの有名な時代劇スターであった高倉健さんでありました。

　さて、本書において主題としてきた、この侠客と言う特異な人物の存在意義に関して、この演歌の歌詞の趣旨などを踏まえ、ここで改めて見直しを行ってみたいと思うのであります。
　そもそも侠客なる人物とは、特定の職業の人々を指している訳ではないのであって、そのため、このような事柄を扱う書物においてもその捉え方は多様であり、およそ一言では言い表し難い程の特殊な立場の人々なのであります。しかしながら、その一方で、侠客の元祖と言えば、先ず、史記（司馬遷によって編纂された中国の歴史書）の中の遊侠列伝にもその名が挙げられている通り「郭解」なる人物の名前が挙げられるところなのであります。
　この郭解は、その昔、その行為自体は必ずしも正義に則っているとは言い難かったものの、しかしながら、その言葉自体には信実があって、行いは誠実で、死を恐れずに苦難に立ち向う輩（やから）

132

のことを「大使」と言うのだと述べています。

　その一方で太史公の司馬遷は、刺客は遊侠にあらずとして、侠客と言う言葉の扱い方に対しては、一定の枠をはめて定義するような考え方を示しているところであります。

　このように、その昔から、侠客と言う人物に対する人々の捉え方と言う点においては多様性を佩びた側面があって、しかも、それが意味するところについても、その時々の時代を反映しつつ、徐々にではあるものの次第に変化を来しているのであり、決して一本調子のままに推移して来たと言う訳ではなかったのであります。

　そして、このような煩雑なる側面と言うものを敢えて単純化して読み解くとすれば、それは、後の時代にあって、この侠客なる存在が、先ずもって正義を重んじて行き、それ故に不正を糺し悪人らを成敗してくれる人物であると言う、極めて分かり易い解釈によって彼らへの評価が一般社会の中に行き渡るようになったために、この侠客なる存在は当時の社会に溶け込んで、より一層、強固に世間に定着して行ったと言うことなのであります。

　そのため後の時代にあっては、彼らの存在に対し、世の中からはより多くの支持が得られるような雰囲気というものが醸し出されて行き、そのような中で、彼ら任侠人は、その人気と言うのを存分に享受することができる誠に有り難い環境の中で、各自がしたたかに振る舞って行ったと言う次第なのであります。

15　任侠道と言うことの捉え方

15−1　中国における任侠道の捉え方

　そもそも、中国における任侠の歴史は至って古く、それは紀元前数百年もの過去にまで遡ったところの、春秋時代に既に生じていたとされて、それは情を施されれば、命をかけてでも恩義を返すことによってその義理を果すと言う精神を重んじ、法で縛られることを嫌った者たちがこの任侠道に走ったとされるのであります。

　さて、戦国四君（中国の戦国時代に活躍した４人の人物）は、食客や任侠の徒を３千人も雇って国家を動かしていたとして国元から歓呼されますが、その四君の中でも特に義理堅い信陵君を慕っていた劉邦は、その後に、任侠の徒から皇帝にまで出世したとされるのであります。そして、この任侠人を題材にしたのが「史記」の中の「遊侠列伝」であります。ここに登場する人物の朱家は有名で、彼は貧乏ながらも、人を助命することは大義であるとし、そのことで礼を言われることを嫌っていたために、後に彼はより一層名声が高まったとされています。そのため、以後、朱家は庶民らの支えで地位を得て、権力者の脅威の的となったと言われます。そして任侠に武術をも取り込んで語られた、この「武侠小説」の人気は、現代にあっても衰えることが無いとされるところであります。

なお、「史記」や「遊侠列伝」の著者である司馬遷は、後に「任侠の志を知らずに、彼らをヤクザやチンピラと勘違いして馬鹿にする輩（やから）がいるが、それは悲しいことだ」と述懐したとされているところであります。

　中国にあっては、広大な領地と共に、複数の言語や民族が存在するので、地方においては法の権威が及ばないか、あるいは中央での監視が行き渡らないために、人民らが地方官僚の圧政に悩むと言う背景の内で、庶民の中にあって任侠の徒は、圧政や無法者の馬賊等から庶民を守るところの正義の味方と言う側面がありました。それ故に、その当時は、法に頼らない、個人の意識レベルによるところの、恩に対する義理や義兄弟の間での忠誠と言うことが協調されて行き、そのことによって多少の踏み外し等があったとしても、彼らは義賊であり続けることが可能とされたのであります。

15－2　任侠（任侠人）とは

　日本にあっては、江戸時代以降、現代に至るまで、概ね政治体制が安定していて、法治主義が隅々まで行き届いていたために、このような任侠の精神は、社会の下層に置かれたような人々の間でしか引き継がれないと言う状況が続いて来ました。そのような状況の下で、その精神を如実に人々に知らしめた人物として評価できる人と言えば、天保の飢饉に苦しむ貧民たちを救うために、敢えて公儀に刃向かった、上州を代表する博徒「国定忠治」をして、彼を任侠人

135

と言うに憚るところは無いと言う次第であります。

　そもそも、過去における日本人の意識と言うのは、任侠道と武士道とは同列にあるとしていたのであって、そのことは、明治３２年に新渡戸稲造が著したところの「武士道」の中で、武士道の精神は男伊達（おとこだて）であって、それは任侠道とは血縁関係にあるものだと論じていることでも明らかなところなのであります。

　そして、そのことは、視る先を中国に転じてみても明らかなことであって、国土が広大なかの地にあっては、一般の庶民を守るために、任侠人たちが、麻薬の所持・賭博・売春そしてヤミ金融等々の横行に対して、自らが立ち向かって行ったのであります。

　同様に、日本にあってもそのような任侠人は存在し、そのような彼らは、一般市民の安寧のために諸悪と対峙し、不法行為の撲滅等に向って自ら尽力して行った、実に義侠心に富んだ、勇気ある人達だったのであります。

15－3　日本における任侠道のあり方

　任侠の精神を基本とした生き様のことを「任侠道」と言い、そして、この生き様を指向する者たちのことを「任侠の徒」と言う次第ですが、しかしながら日本では、江戸時代から近代を通じて現代に至るまでに、政治的な側面にあってはそれがほぼ安定し、その結果法治主義が隅々にまで行き渡っていて、そのため、多少の反乱等が

あったとしても、それらは殆んど長続きをしないと言う状況のまま
に、社会から取り除かれて事なきを得て来たのであります。

　それ故に、日本にあっては、このような任侠の精神と言うような
多少違和感がある側面の生き様と言うのは、実は社会の下層に置か
れた人々や、非合法の輩たちの間でしか通用しないと言うような状
況に置かれていたのであります。この辺りの事柄について、例えば、
江戸時代の儒学者である羽倉簡堂は自身の著書「劇盗忠治小伝」に
おいて、天保の飢饉に苦しむ貧民を率先して救い、その結果として
刑死した上州人博徒の国定忠治について、彼は正しく立派な任侠の
徒だとして高く評価しています。

　また一方で、戦前における日本の知識人や、近年における国内外
のヤクザ研究者らの間にあっては、実は、この任侠道と武士道とは
同列のものであり、ヤクザは、武士の倫理的なる継承者あると言う
趣旨の言説が広く受け入れられているところでもあります。また、
杉浦重剛は、日本人は、生まれながらに大和魂を持つが、その魂が
武士に宿れば武士道であり、町人に宿れば、それは任侠道であると
述べたと言われています。その一方で新渡戸稲造は、明治３２年に
英文で著した「武士道」なる論説の中で、武士道の精神は男建（お
とこだて）として知られる特定の階級にて継承されていると述べて
います。また近年では、山浦嘉久が自著の「士道と任侠道」におい
て、武士道と任侠道との間の関係を、それは精神的な血縁を有する
事柄なのだと言う風に説いています。

　そもそも、暴政や馬賊等がはびこる、半無法地帯と化した中での
庶民の正義と言う立場におかれた旧中国でのこととは異なり、歴と

137

した法治国家でもある我が国において、無頼の輩が勝手に「相互の扶助を目的に自らを組織化」したのが暴力団であります。このような組織にあっては、例えそれが法治国家の内側にあるとしても、その闇の部分である不法就労や、賭博・麻薬所持そしてヤミ金融等々の分野においては互いに持ちつ持たれつであり、そして搾取までが行われている可能性もあると言えるのであります。

　もともと、任侠道と言う生き様が、そもそも反権力的なる側面に寄った勢力によって広がって行ったものであるとは言うものの、しかしながら、そのような勢力による組織的な活動が日本に持ち込まれたことによって、仮にその構成員らが、かりそめにも不法就労の仲介やヤミ金融・賭博・麻薬の所持あるいは売春等々に関与したりしているとすれば、それは、例え過去のことであったとしても最早論外なところにある状況なのであって、悪しきまま長らく放置されて来た社会の病巣とさえ言えるのであります。

　そして、そのような社会に潜在する病巣を見逃すことなく摘出して行き、社会の安寧のために精力を惜しまず、治安の維持に向って行ったのが、後の時代に、いわゆる任侠人と称されるところの意識の高い人々だったのであります。

16 補 足（特殊な用語の解説）

① 任侠道の精神とは

　任侠道における、その精神的な拠り所と言うのは、即ち、仁義を重んじ、一度でも情を施されるようなことがあれば、例え命を懸けてでもその恩義に報いることによってその義理を果すと言う、極めて一途な精神性を重んじるところにあります。

② 任侠人とは

　任侠道とは、仁義を重んじ「弱き者を助け、強き者を挫く」、そして、そのためには体を張ると言う生き様のことであって、そのような自己犠牲的な精神を会得し、それをもって自らが居住する地域の一人として、その精神性を活かしながら、多くの人らと生活を供にするような人物のことを任侠人と言います。

③ 任侠人の出自とは

　任侠たる人物たちの出自と言うのは実は歴史上至って古く、既に中国の春秋時代（紀元前７７０年－４５３年）には、彼らは、その特異なる存在を世間に晒していたとされています。

　そして、その時代を支配した戦国四君（１６ページ３－１参照）は、食客として大勢の侠客（任侠人）たちを擁していて、そのような彼ら一人一人が成したそれぞれの活躍によって、時代の支配者は

自らの名声を世間に晒していたのであります。

④ 侠客（いわゆる渡世人）とは

　中国の春秋時代においては、義侠（いわゆる男気）に厚いとされる人々が大勢いて、そのような彼らは、地域の一員としては務めるものの、通常、家庭を営まず単身にて暮し、また、施しの見返りとして、命を懸けてでも礼を尽くすと言うほどに義務感に満ちた人物だったのであります。そして、そのような人物のことを指して、後の時代にあっては彼らを「侠客」と称したのであります。

⑤ 日本における任侠とは

　江戸時代以降、日本では、任侠道と言われる生き様が世間に広く行き亘って行ったために、武士にしても、また町民であっても、その倫理性なる側面と言うものを、さしたる違和感を懐くこともなく受け入れて行った人々と言うのは、実は極めて大勢に上るところなのであります。従って、そのような彼らは、例えその立場が違った者同士であったとしても、互いに気持ちが通じ合い、そして行動を共にすることができたのであります。

⑥ 博徒とは

　博徒とは、賭博（別名、ばくち）にて生計を立てている者を言います。日本にあっては、その昔から賭博は禁じられて来たところでありますが、しかしながら、江戸時代の中頃以降、治安の安定化と共に、無宿者たちが主体となって、主に旅人たちを相手として賭場

を開いていて、その賭場には、ヤクザ者を中心にして、次第に常連の客が群がるようになって行ったのであります。そして、そのような者たちを博徒衆と言ったのであります。

⑦　ヤクザとは

　ヤクザとは、暴力を背景とした組織の構成員となり、職業として暴力的な面の示威活動に従事し、それによって収入を得ている者のことであります。そしてその集団を特徴づける要因の一つに、集団の内部における親分と子分の間の結合があります。そして下っ端に該当する場合には、一般的に「チンピラ」と称されます。

　現在、警察によって公式に暴力団と認定されている組織の人物としてのヤクザは、２０２２年の時点では合計２２，４００人で、そのうち組織構成員が１１，４００人、準構成員が１１，０００人と言う状況を呈している次第なのであります。

　そして、ここで注意しなければならないことは、任侠人とヤクザとは、そもそも人間性が異なると言うことであります。

17　おわりに

本書にあっては、幕末から明治にかけて展開された極めて閉鎖的であった日本の社会にありながら、そこに埋没することなく、社会の片隅に取り残された様々な出来事に対して自ら進んで取り組んで行き、それによって特異な活躍を為すに至った、延べ３１人にも及ぶいわゆる侠客と称された特異な人物について分析し、その時代に彼らが為して行ったところの、個々人それぞれの生き様とも言うべき実態を探ってまいりました。

　当時にあっては、社会に取り残されそうになった弱い立場の人々というのは大勢が存在した訳ですが、そのような弱者たちを救済するためには、実は、義侠心の厚い人物によるところの、支援のための活動が必要とされたのであります。そして、後の時代にそのような人物のことを任侠人（または侠客）と称したのであります。

　しかしながら良く考えてみると、その時代に、自らそのようには言わなかったものの、このように「任侠人」と仰がれて、存在感に満ち溢れた人々と言うのは、本書に見られる如く大勢がいて、彼らは、そのような滅私奉公的な活動を為し得たところの、極めて奇特なる人物だったのであります。そして、それが本書でも取り上げて来たところの、あの有名な国定忠治であったり、そして清水次郎長でもあったと言う次第なのであります。

　つまり、彼らが成した活動と言うのは、実は自分自身の義侠心の発露に基づくものなのであって、他人から求められたと言うような次第ではないと言うところに、真の値打ちがあると言うことなのであります。そして本書において取り上げてきた通り、過去の時代にあって、このような義侠心の厚い人物と言うのは、その時代の様相

に即し、大勢が存在したと言うことなのであります。

　一方、現在の日本にあっては、所定の手続きを経て定め、法的な権威をおびたところの、国の方針とも言うべき種々の施策が隅々にまで行き届いていて、すでに世の中の実状と言うのは過去のそれとは異なっているとは言うものの、しかしながら、そのような環境にあっても、現実には、相変わらず周囲に馴染めず、日々、忸怩たる思いに浸っているような弱者の側に対し、自ら積極的に寄り添って行こうとしているような奇特なる人々と言うのは、今日の世の中にあっても少なからず存在している筈なのであります。

　したがって、そのような彼らによって、より一層の健全な社会の構築を目指し、現実の世の中が日々一歩一歩前進して行き、着実に成果を上げるに至っているであろうと言うことに対して、そのことを誰もが存分に評価した上で、それを前向きなる姿勢によって受け止めて行くと言うことが、今後の文化発展の上において極めて大切な心掛けなのではなかろうかと、本書の執筆を終えるに際し、筆者自身は改めて思う次第なのであります。

参考文献一覧

① フリー百科事典「ウイキペディア」
② 帝国書院・図説「日本史通覧」
③ 春日太一著・図書「やくざ映画入門」

著者の履歴

① 氏名　　　中島　武久
② 生年月日　昭和１８年　４月　３日
③ 住所　　　茨城県ひたちなか市
④ 職歴　　　日本原子力発電（株）
　　　　　　総合研修センター主席講師

任侠人が活躍した時代

2025 年 1 月 23 日　初版第 1 刷発行

著　者　中島　武久（なかじま・たけひさ）
発行所　ブイツーソリューション
　　　　〒466-0848 名古屋市昭和区長戸町 4-40
　　　　電話 052-799-7391　Fax 052-799-7984
発売元　星雲社（共同出版社・流通責任出版社）
　　　　〒112-0005 東京都文京区水道 1-3-30
　　　　電話 03-3868-3275　Fax 03-3868-6588
印刷所　モリモト印刷
ISBN 978-4-434-35206-5
©Takehisa Nakajima 2025 Printed in Japan
万一、落丁乱丁のある場合は送料当社負担でお取替えいたします。
ブイツーソリューション宛にお送りください。